DISCLAIMER

The author and publisher are providing this book and its contents on an "as is" basis and make no representations or warranties of any kind with respect to this book or its contents. The author and publisher disclaim all such representations and warranties, including but not limited to warranties of merchantability. In addition, the author and publisher do not represent or warrant that the information accessible via this book is accurate, complete, or current.

Except as specifically stated in this book, neither the author nor publisher, nor any authors, contributors, or other representatives will be liable for damages arising out of or in connection with the use of this book. This is a comprehensive limitation of liability that applies to all damages of any kind, including (without limitation) compensatory; direct, indirect, or consequential damages; loss of data, income, or profit; loss of or damage to property; and claims of third parties.

BESTACTIVITYBOOKS.COM

FIRST EDITION - Published 2022

Extra Graphic Material From: www.freepik.com
Thanks to: Alekksall, Starline, Pch.vector, Rawpixel.com, Vectorpocket, Dgim-studio, Upklyak, Macrovector, Stockgiu, Pikisuperstar & Freepik.com Designers

This Book Comes With Free Bonus Puzzles

Available Here:

BestActivityBooks.com/WSBONUS20

5 TIPS TO START!

1) HOW TO SOLVE

The Puzzles are in a Classic Format:

- Words are hidden without breaks (no spaces, dashes, ...)
- Orientation: Forward & Backward, Up & Down or in Diagonal (can be in both directions)
- Words can overlap or cross each other

2) ACTIVE LEARNING

To encourage learning actively, a space is provided next to each word to write down the translation. The **DICTIONARY** allows you to verify and expand your knowledge. You can look up and write down each translation, find the words in the Puzzle then add them to your vocabulary!

3) TAG YOUR WORDS

Have you tried using a tag system? For example, you could mark the words which have been difficult to find with a cross, the ones you loved with a star, new words with a triangle, rare words with a diamond and so on...

4) ORGANIZE YOUR LEARNING

We also offer a convenient **NOTEBOOK** at the end of this edition. Whether on vacation, travelling or at home, you can easily organize your new knowledge without needing a second notebook!

5) FINISHED?

Go to the bonus section: **MONSTER CHALLENGE** to find a free game offered at the end of this edition!

Want more fun and learning activities? It's Fast and Simple!
An entire Game Book Collection just one click away!

Find your next challenge at:

BestActivityBooks.com/MyNextWordSearch

Ready, Set... Go!

Did you know there are around 7,000 different languages in the world? Words are precious.

We love languages and have been working hard to make the highest quality books for you. Our ingredients?

A selection of indispensable learning themes, three big slices of fun, then we add a spoonful of difficult words and a pinch of rare ones. We serve them up with care and a maximum of delight so you can solve the best word games and have fun learning!

Your feedback is essential. You can be an active participant in the success of this book by leaving us a review. Tell us what you liked most in this edition!

Here is a short link which will take you to your order page.

BestBooksActivity.com/Review50

Thanks for your help and enjoy the Game!

Linguas Classics Team

1 - Antiques

G	A	L	L	E	R	Y	V	S	K	E	F	Z	P
H	A	L	A	G	A	L	T	A	I	T	U	P	A
G	R	O	T	K	E	L	O	K	C	G	A	D	N
W	Y	V	Y	E	G	N	N	I	P	S	L	Q	D
L	G	M	N	V	T	A	I	T	A	R	O	O	E
A	U	C	T	I	O	N	D	A	D	I	L	A	K
S	D	I	I	Y	W	U	B	M	V	M	I	R	O
K	I	N	T	D	Q	H	A	G	P	U	T	U	R
D	L	N	A	D	P	U	R	E	R	R	S	T	A
N	I	N	I	T	Z	M	Y	D	E	A	E	L	S
S	F	Y	F	N	A	U	A	C	S	N	V	U	Y
C	R	U	M	O	G	M	B	N	Y	G	K	K	O
A	D	A	K	E	D	A	G	M	O	E	X	S	N
A	L	A	H	A	S	P	T	U	N	A	Y	I	K

SINING
AUCTION
TUNAY
SIGLO
BARYA
KOLEKTOR
MGA DEKADA
PANDEKORASYON
MATIKAS
MURANGE

GALLERY
PAMUMUHUNAN
ALAHAS
MATANDA
PRESYO
KALIDAD
ISKULTURA
ESTILO
HALAGA

2 - Food #1

P	S	H	C	A	N	I	P	S	P	K	U	B	B
E	A	H	F	S	A	T	A	G	R	A	J	A	A
A	Y	S	X	I	B	T	R	X	E	R	B	S	W
N	U	N	U	N	C	Q	P	I	S	O	A	I	A
U	B	A	E	K	H	I	L	J	A	T	R	L	N
T	I	S	A	M	A	K	G	N	I	S	L	T	G
X	S	I	S	G	I	L	J	U	M	X	E	K	N
A	P	E	R	A	S	I	B	O	Q	B	Y	A	F
R	P	U	E	S	L	I	M	O	N	T	U	N	L
S	Z	R	C	A	O	H	F	S	B	U	J	E	X
H	N	V	I	X	C	P	V	Y	J	N	Y	L	U
D	N	B	U	K	A	A	A	G	U	A	Y	A	D
V	X	P	J	N	O	V	P	S	S	A	L	A	D
F	K	I	U	V	S	T	Z	U	N	I	J	M	M

APRIKOT
BARLEY
BASIL
KAROT
KANELA
BAWANG
JUICE
LIMON
GATAS
SIBUYAS
PEANUT
PERAS
SALAD
ASIN
SOPAS
SPINACH
PRESA
ASUKAL
TUNA
SINGKAMAS

3 - Measurements

O	L	I	K	F	J	B	D	H	A	B	A	O	P
T	I	M	B	A	N	G	E	H	D	O	K	L	U
U	P	I	H	W	S	A	A	T	E	N	I	L	L
N	G	L	G	Z	R	A	O	Q	S	S	L	D	G
I	R	A	X	F	U	C	M	L	I	A	O	E	A
M	T	L	X	E	B	H	Q	Y	M	R	M	G	D
R	W	K	B	F	K	V	L	V	A	Z	E	R	A
S	E	K	D	O	C	Z	Q	B	L	C	T	E	I
I	N	H	V	H	R	C	F	I	Y	Z	R	E	J
L	A	P	A	D	S	T	Q	N	B	T	O	D	D
O	N	W	X	D	A	M	I	L	K	U	E	A	O
D	M	E	T	R	O	K	Y	L	V	R	Y	M	P
U	S	E	N	T	I	M	E	T	R	O	R	T	O
T	O	N	E	L	A	D	A	H	G	R	A	M	O

BYTE
SENTIMETRO
DESIMAL
DEGREE
LALIM
GRAMO
TAAS
PULGADA
KILO
KILOMETRO
HABA
LITRO
MASA
METRO
MINUTO
ONSA
TONELADA
DAMI
TIMBANG
LAPAD

4 - Farm #2

W	I	M	L	G	P	R	U	T	A	S	Q	B	W
X	J	P	O	Y	A	H	A	G	M	P	C	I	I
T	N	B	T	O	T	T	O	F	Q	D	Z	G	N
I	N	U	S	F	R	R	A	G	U	L	B	W	D
H	A	M	A	L	L	C	I	S	T	U	P	A	M
M	A	G	P	Y	P	Y	H	G	Y	Y	G	K	I
B	E	E	H	I	V	E	N	A	O	Z	I	A	L
P	A	T	O	M	L	L	S	N	R	A	B	S	L
G	U	L	A	Y	T	R	B	R	O	D	U	A	M
G	G	J	Q	K	U	A	I	C	T	S	T	S	A
M	C	Z	E	U	Z	B	Y	T	K	P	A	G	I
P	A	G	K	A	I	N	R	L	A	J	P	A	S
X	X	V	C	O	V	V	P	P	R	W	O	M	D
L	Q	E	F	M	Y	Q	I	F	T	Z	N	Z	H

MGA HAYOP
BARLEY
BARN
BEEHIVE
MAIS
PATO
MAGSASAKA
PAGKAIN
PRUTAS
PATUBIG
LLAMA
LUGAR
GATAS
ORCHARD
TUPA
PASTOL
TRAKTOR
GULAY
TRIGO
WINDMILL

5 - Books

T	K	J	B	N	R	I	P	M	S	Y	L	R	E
E	R	T	O	W	O	C	F	G	K	X	D	Q	H
J	I	A	W	A	T	A	K	A	K	A	N	O	T
M	E	L	H	T	A	L	U	S	A	K	A	N	U
Z	O	U	I	E	M	A	Z	A	L	E	B	O	N
T	Q	T	M	W	D	H	F	L	A	P	A	K	Q
P	A	H	I	N	A	Y	Y	I	S	E	R	Y	E
K	U	W	E	N	T	O	A	T	G	A	D	V	I
M	A	Y	A	K	D	A	R	A	Z	G	S	N	V
Z	K	R	G	O	T	S	K	E	T	N	O	K	P
K	A	R	A	K	T	E	R	E	A	D	N	D	X
K	O	L	E	K	S	Y	O	N	Y	D	O	M	V
H	I	S	T	O	R	I	K	A	L	L	E	Z	Y
M	A	H	A	B	A	N	G	T	U	L	A	R	S

MAY-AKDA
KARAKTER
KOLEKSYON
KONTEKSTO
KAPAL
MAHABANG TULA
HISTORIKAL
NAKAKATAWA
NOBELA
PAHINA
TULA
READER
SERYE
KUWENTO
TRAHEDYA
MGA SALITA
NAKASULAT

6 - Meditation

F	T	K	A	P	A	Y	A	P	A	A	N	B	I
P	A	G	H	I	N	G	A	R	O	V	N	M	S
K	M	A	Y	J	O	A	N	G	S	H	A	G	I
A	A	B	J	N	Y	G	W	W	J	N	S	A	P
L	L	A	K	I	S	U	M	A	L	A	A	G	M
M	A	H	U	S	O	P	W	O	N	T	K	A	W
A	S	A	S	N	M	U	A	U	M	I	I	W	U
D	A	K	N	A	E	E	N	G	D	A	L	I	Y
O	S	G	H	P	Z	W	A	N	G	B	A	A	D
N	A	A	V	D	L	A	N	I	Y	A	K	Y	K
Y	P	P	P	I	O	Q	A	S	F	K	L	W	X
M	E	N	T	A	L	N	P	I	Z	L	U	A	D
E	D	N	A	H	A	Y	A	G	I	L	A	K	W
P	A	G	T	A	N	G	G	A	P	H	E	B	Q

PAGTANGGAP
PANSIN
GISING
PAGHINGA
KALMADO
KALINAWAN
PAGKAHABAG
EMOSYON
PASASALAMAT
MGA GAWI
KALIGAYAHAN
KABAITAN
MENTAL
ISIP
PAGGALAW
MUSIKA
KALIKASAN
KAPAYAPAAN
PANANAW

7 - Days and Months

K	A	L	E	N	D	A	R	Y	O	B	O	P	A
D	Z	A	M	A	R	T	E	S	N	U	K	E	L
K	I	G	L	U	N	E	S	K	O	W	T	B	Q
E	O	O	H	I	M	Y	K	Z	B	A	U	R	I
H	L	S	J	F	V	A	G	M	Y	N	B	E	O
U	I	T	X	O	L	H	Y	G	E	U	R	R	E
W	N	O	A	T	O	S	X	O	M	L	E	O	R
E	G	S	E	N	R	E	Y	I	B	I	S	S	B
B	G	R	V	S	E	L	U	K	R	E	Y	I	M
E	O	A	H	Y	N	N	W	F	E	A	K	F	E
S	A	M	P	W	E	Z	L	N	D	B	B	N	Y
S	A	B	A	D	O	Y	L	U	H	R	E	V	T
R	G	N	P	I	J	N	U	P	G	I	C	K	E
Y	Y	A	D	T	F	L	X	G	P	L	H	O	S

ABRIL
AGOSTO
KALENDARYO
PEBRERO
BIYERNES
ENERO
HULYO
MARSO
MAYO
LUNES
BUWAN
NOBYEMBRE
OKTUBRE
SABADO
SETYEMBRE
LINGGO
HUWEBES
MARTES
MIYERKULES
TAON

8 - Energy

P	O	L	U	S	Y	O	N	N	Q	C	H	W	G
E	L	E	K	T	R	O	N	U	N	N	A	C	A
K	U	R	Y	E	N	T	E	C	Q	S	N	A	S
F	A	A	H	U	J	M	M	L	M	I	G	R	O
P	Y	L	S	A	I	N	Q	E	O	N	I	B	L
A	R	Q	L	R	B	N	X	A	T	G	N	O	I
M	E	J	K	J	M	X	I	R	O	A	H	N	N
D	T	Y	D	F	Q	Y	X	T	R	W	Y	M	A
K	A	P	A	L	I	G	I	R	A	N	D	V	O
O	B	I	J	N	A	W	A	R	A	L	R	K	V
Y	I	X	Z	O	I	I	J	L	T	P	O	K	R
R	T	Q	C	A	C	K	V	U	W	K	G	H	H
T	U	R	B	I	N	A	A	L	E	S	E	I	D
E	N	T	R	O	P	Y	Q	M	T	K	N	K	N

BATERYA
CARBON
DIESEL
KURYENTE
ELEKTRON
MAKINA
ENTROPY
KAPALIGIRAN
GASOLINA
INIT
HYDROGEN
MOTOR
NUCLEAR
LARAWAN
POLUSYON
SINGAW
TURBINA
HANGIN

9 - Archeology

K	O	P	O	N	A	N	L	R	R	N	L	Z	M
S	I	N	A	U	N	A	N	G	E	F	I	Z	I
M	G	A	B	A	G	A	Y	Y	F	L	L	M	S
Q	R	P	C	E	T	W	U	Y	R	X	I	P	T
Q	J	T	R	O	S	E	P	O	R	P	S	C	E
E	L	Z	M	P	D	N	M	S	O	U	S	T	R
E	K	O	Y	A	L	A	P	P	J	Y	O	A	Y
B	U	T	O	N	S	G	L	D	L	K	F	O	O
W	J	N	J	I	B	N	I	U	H	O	S	N	H
N	O	Y	S	A	S	I	L	I	B	I	S	V	Y
S	I	S	T	E	I	B	E	R	A	H	E	F	G
S	Y	T	I	U	Q	I	T	N	A	R	A	Z	N
N	A	T	U	M	I	L	A	K	A	N	Y	S	A
P	A	G	S	U	S	U	R	I	U	R	F	C	A

PAGSUSURI
SINAUNANG
ANTIQUITY
BUTO
SIBILISASYON
INAPO
ERA
DALUBHASA
NAKALIMUTAN
FOSSIL
MISTERYO
MGA BAGAY
PALAYOK
PROPESOR
RELIC
KOPONAN
TEMPLO
LIBINGAN
TAON

10 - Food #2

Y	A	S	T	N	I	K	G	Z	K	M	J	K	J
Q	R	C	Z	G	Y	O	G	S	S	A	G	I	B
E	T	A	L	O	K	O	S	T	J	N	S	Y	W
B	I	L	G	W	P	T	B	V	A	S	A	O	M
M	C	C	N	F	B	R	W	B	J	A	G	G	L
Q	H	K	O	N	A	M	K	F	E	N	I	U	K
N	O	A	L	S	B	G	B	I	D	A	N	R	A
Y	K	M	A	I	E	D	Q	L	W	S	G	T	B
R	E	A	T	P	Y	K	Z	U	Z	I	X	L	U
R	M	T	I	T	L	O	G	K	D	M	T	D	T
E	Q	I	A	I	H	U	F	O	G	I	R	T	E
H	R	S	N	S	G	H	E	R	H	L	W	C	M
C	A	V	F	D	M	I	X	B	U	B	A	S	A
L	T	M	Q	A	L	W	O	P	U	G	Q	O	Y

MANSANAS
ARTICHOKE
SAGING
BROKULI
KINTSAY
KESO
CHERRY
MANOK
TSOKOLATE
ITLOG

TALONG
ISDA
UBAS
HAM
KIWI
KABUTE
BIGAS
KAMATIS
TRIGO
YOGURT

11 - Chemistry

N	H	Z	G	C	J	S	H	H	Y	B	N	Z	E
E	U	Y	C	A	T	A	L	Y	S	T	A	V	L
N	T	C	D	H	M	G	A	M	E	T	A	L	E
Z	F	Z	L	R	M	O	L	E	K	U	L	A	K
Y	P	O	C	E	O	K	Y	D	O	D	A	R	T
M	O	D	I	S	A	G	A	L	X	Q	L	U	R
E	Q	I	N	B	G	R	E	Z	Y	H	K	T	O
A	P	K	A	Z	O	W	E	N	G	X	A	A	N
T	H	I	G	R	B	Y	Q	X	E	X	L	R	Y
O	C	L	R	X	L	O	I	W	N	O	I	E	X
M	A	B	O	C	A	R	B	O	N	W	N	P	V
I	T	S	I	N	I	T	V	Z	O	F	A	M	A
C	Y	G	I	T	I	M	B	A	N	G	H	E	R
K	J	P	M	N	O	Z	U	E	T	C	W	T	N

ASIDO
ALKALINA
ATOMIC
CARBON
CATALYST
ELEKTRON
ENZYME
GAS
INIT
HYDROGEN
ION
LIKIDO
MGA METAL
MOLEKULA
NUCLEAR
ORGANIC
OXYGEN
ASIN
TEMPERATURA
TIMBANG

12 - Music

M	A	J	T	O	E	C	O	D	R	M	U	P	Y
A	A	L	A	C	O	V	N	E	P	A	P	A	V
O	O	N	B	K	A	N	O	M	T	I	R	T	J
K	M	E	G	U	G	L	P	N	Y	N	G	U	B
H	N	L	G	A	M	M	O	T	S	D	B	L	E
L	O	A	L	W	A	H	R	C	U	A	A	A	O
O	U	A	W	Y	I	W	K	E	O	Y	L	O	P
R	Y	T	O	K	I	R	I	L	U	O	L	O	E
E	H	N	O	N	H	B	M	T	H	G	A	Y	R
K	L	A	S	I	K	O	R	O	K	I	D	K	A
I	W	M	E	C	L	E	C	T	I	C	M	Z	L
S	O	U	P	A	G	R	E	C	O	R	D	I	X
U	A	K	P	A	G	K	A	K	A	I	S	A	G
M	U	I	P	E	M	U	S	I	K	A	N	P	P

ALBUM
BALLAD
KORO
KLASIKO
ECLECTIC
PAGKAKAISA
LIRIKO
HIMIG
MIKROPONO
MUSIKA
MUSIKERO
OPERA
PATULA
PAG-RECORD
RITMO
MAINDAYOG
KUMANTA
MANG-AAWIT
VOCAL

13 - Farm #1

J	N	O	K	A	B	A	Y	O	A	S	O	P	A
M	B	X	V	I	E	N	B	N	O	S	I	B	G
G	A	E	F	S	Q	O	Z	S	J	F	B	P	R
A	K	C	D	Q	D	O	K	A	B	F	T	T	I
B	A	G	H	Q	Z	X	W	H	V	C	U	W	K
I	V	T	T	J	G	I	B	U	T	L	H	K	U
N	G	P	A	T	L	A	N	G	W	F	D	X	L
H	N	A	T	U	Y	K	U	P	Q	A	G	V	T
I	I	X	Y	T	U	P	Z	Q	H	E	K	B	U
D	B	Z	F	U	E	C	U	H	O	N	E	Y	R
F	M	P	H	H	G	O	C	S	A	G	I	B	A
H	A	Y	Q	B	I	R	A	B	A	T	A	P	T
N	K	O	N	A	M	Z	C	X	A	V	D	R	G
K	Q	U	Z	Q	X	O	E	C	L	P	S	S	B

AGRIKULTURA
PUKYUTAN
BISON
GUYA
PUSA
MANOK
BAKA
UWAK
ASO
ASNO
BAKOD
PATABA
PATLANG
KAMBING
HAY
HONEY
KABAYO
BIGAS
MGA BINHI
TUBIG

14 - Camping

P	A	N	G	A	N	G	A	S	O	G	W	B	E
K	A	G	A	M	I	T	A	N	W	S	G	U	V
A	P	O	Y	T	T	M	A	S	A	Y	A	W	S
I	S	C	L	N	K	O	D	N	U	B	T	A	D
L	U	B	I	D	E	E	L	P	X	D	L	N	X
M	G	A	H	A	Y	O	P	D	U	U	A	I	N
J	K	I	Q	L	I	N	E	Y	A	Y	W	Y	A
T	A	T	N	F	O	A	F	X	M	A	A	F	S
O	W	G	L	S	D	C	H	C	A	N	N	Y	A
J	G	H	M	H	E	N	G	S	A	P	M	U	K
Y	D	L	A	N	L	K	V	M	R	B	F	Q	I
K	S	E	P	B	W	Y	T	N	B	H	I	B	L
M	E	C	A	H	N	X	N	O	F	R	D	N	A
S	U	M	B	R	E	R	O	V	N	L	O	X	K

MGA HAYOP
CABIN
CANOE
KUMPAS
KAGAMITAN
APOY
MASAYA
DUYAN
SUMBRERO
PANGANGASO
INSEKTO
LAWA
MAPA
BUWAN
BUNDOK
KALIKASAN
LUBID
TOLDA

15 - Algebra

J	K	A	D	A	H	I	L	A	N	A	N	X	D
J	S	J	E	D	I	A	G	R	A	M	B	V	I
N	V	A	R	I	A	B	L	E	W	D	J	W	B
O	G	U	S	A	W	A	B	A	B	G	A	P	I
I	A	G	I	P	Y	A	L	U	M	R	O	F	S
T	Z	C	R	D	A	M	E	L	B	O	R	P	Y
A	E	K	T	A	J	N	F	H	I	C	E	T	O
U	R	P	A	P	P	M	A	A	M	Z	M	G	N
Q	O	P	M	N	W	H	A	K	Z	O	U	E	L
E	X	P	O	N	E	N	T	L	L	E	N	B	I
S	O	L	U	S	Y	O	N	I	I	O	D	L	N
K	A	R	A	G	D	A	G	A	N	K	N	C	E
G	A	W	I	N	G	S	I	M	P	L	E	G	A
H	Y	U	Z	S	F	R	A	C	T	I	O	N	R

KARAGDAGAN
DIAGRAM
DIBISYON
EQUATION
EXPONENT
KADAHILANAN
MALI
FORMULA
FRACTION
GRAPH
LINEAR
MATRIS
NUMERO
PANAKLONG
PROBLEMA
GAWING SIMPLE
SOLUSYON
PAGBABAWAS
VARIABLE
ZERO

16 - Numbers

L	A	B	I	M	P	I	T	O	T	I	P	L	L
J	L	L	A	K	X	D	A	L	A	W	A	A	A
K	H	A	A	I	U	B	U	A	I	K	L	B	B
G	O	M	B	B	M	S	A	M	P	U	Y	I	I
D	G	I	L	I	I	I	H	I	U	L	X	N	N
E	W	L	K	E	N	N	X	N	S	P	P	L	G
S	W	O	L	T	A	T	S	A	S	Q	I	I	A
I	X	N	V	B	G	A	A	I	I	I	N	M	P
M	I	H	J	J	N	P	O	T	Y	N	Y	A	A
A	S	R	M	C	I	A	E	O	L	A	W	A	T
L	A	I	J	E	B	T	U	B	X	O	M	D	M
N	B	U	P	M	A	W	A	L	A	D	M	J	N
D	M	X	F	O	L	A	W	G	N	I	B	A	L
G	B	L	A	B	I	N	D	A	L	A	W	A	Q

DESIMAL
WALO
LABING-WALO
LABINLIMA
LIMA
APAT
LABING-APAT
SIYAM
LABINSIYAM
ISA
PITO
LABIMPITO
ANIM
LABING-ANIM
SAMPU
LABINTATLO
TATLO
LABINDALAWA
DALAWAMPU
DALAWA

17 - Spices

S	A	F	F	R	O	N	V	Q	I	J	M	M	U
A	T	N	I	M	A	P	A	L	E	N	A	K	U
Y	S	I	N	A	C	J	T	Y	A	W	P	A	X
U	A	I	P	A	P	R	I	K	A	R	A	R	J
L	Y	M	N	Z	W	N	L	A	S	A	I	D	E
M	U	M	E	T	I	R	T	M	Y	Y	T	A	H
G	B	V	A	K	A	R	I	P	Y	L	O	M	S
G	I	O	R	T	N	A	L	U	K	I	H	O	C
N	S	Q	S	J	A	K	U	M	I	N	A	N	I
T	U	Q	B	B	J	M	P	P	G	A	R	O	T
M	Y	T	C	O	W	S	I	A	Z	B	A	Z	O
S	X	M	M	H	O	O	A	S	D	X	S	W	H
V	K	G	K	E	E	R	G	U	N	E	F	P	I
R	Q	J	R	U	G	N	A	W	A	B	J	D	W

ANIS
MAPAIT
KARDAMONO
KANELA
KULANTRO
KUMIN
KARI
HARAS
FENUGREEK
LASA
BAWANG
LUYA
NUTMEG
SIBUYAS
PAPRIKA
PAMINTA
SAFFRON
ASIN
MATAMIS
BANILYA

18 - Universe

L	A	Y	I	T	S	E	L	E	S	S	H	Q	M
N	A	M	I	L	I	D	A	K	F	N	E	B	I
A	T	T	C	W	T	Q	W	K	O	A	M	M	G
W	E	I	I	Q	L	N	I	A	L	B	I	A	A
U	L	G	M	T	M	H	P	P	W	O	S	S	S
B	E	N	S	I	U	A	D	A	S	T	P	T	T
Z	S	A	O	B	A	D	Q	L	O	T	H	R	R
O	K	L	C	R	T	I	E	I	L	A	E	O	O
D	O	E	E	O	I	O	Y	G	S	N	R	N	N
I	P	Y	O	R	K	R	Q	I	T	A	E	O	O
A	Y	F	B	N	I	E	D	R	I	W	A	M	M
C	O	X	L	G	K	T	O	A	C	N	D	O	Y
S	O	L	A	R	A	S	O	N	E	H	C	C	C
M	I	N	I	M	N	A	K	A	W	A	L	A	K

ASTEROID
ASTRONOMO
ASTRONOMY
KAPALIGIRAN
SELESTIYAL
COSMIC
KADILIMAN
EON
KALAWAKAN
HEMISPHERE
ABOT-TANAW
LATITUDE
BUWAN
ORBIT
LANGIT
SOLAR
SOLSTICE
TELESKOPYO
NAKIKITA
ZODIAC

19 - Mammals

B	B	C	C	Q	K	D	H	T	G	D	P	A	G
K	E	T	U	P	A	S	U	P	J	E	D	K	O
A	Z	A	N	E	Y	L	A	B	O	L	O	A	R
B	A	X	V	X	O	F	S	N	O	E	L	B	I
A	B	W	M	E	O	B	O	L	E	P	P	M	L
Y	J	I	Q	M	R	W	G	E	C	A	H	O	L
O	D	H	Y	P	A	R	I	Y	D	N	I	S	A
A	N	C	W	E	G	S	O	A	E	T	N	O	P
J	Z	S	S	P	N	S	P	S	K	E	L	Z	A
V	D	F	Z	M	A	W	B	O	T	S	Q	E	Y
F	V	T	T	J	K	C	O	Y	O	T	E	B	L
K	U	N	E	H	O	U	N	G	G	O	Y	R	E
T	O	R	O	Q	H	Y	X	Z	I	P	I	A	Y
E	Q	T	T	N	U	D	X	G	C	F	M	J	M

OSO
BEAVER
TORO
PUSA
COYOTE
ASO
DOLPHIN
ELEPANTE
FOX
DYIRAP

GORILLA
KABAYO
KANGAROO
LEON
UNGGOY
KUNEHO
TUPA
BALYENA
LOBO
ZEBRA

20 - Fishing

H	Q	S	I	B	A	L	A	M	A	M	G	A	P
P	U	L	K	A	G	A	M	I	T	A	N	Y	L
N	A	L	I	O	H	B	F	Z	M	H	T	S	A
E	R	I	W	L	I	F	A	S	E	O	U	N	W
U	X	G	N	D	O	H	Z	N	B	O	B	E	A
P	A	N	G	A	F	G	R	I	G	K	I	S	B
P	A	N	A	H	O	N	D	F	F	K	G	A	A
T	A	B	I	N	G	D	A	G	A	T	A	P	S
K	A	R	A	G	A	T	A	N	A	N	T	X	K
Y	I	L	P	K	M	D	O	B	K	M	V	O	E
Q	E	P	A	A	B	Q	S	X	G	P	N	M	T
K	I	M	M	X	C	D	Z	B	G	B	J	T	P
B	T	I	M	B	A	N	G	L	U	T	U	I	N
K	O	I	C	J	R	Y	A	Q	C	J	B	I	N

PAIN
BASKET
TABING-DAGAT
BANGKA
LUTUIN
KAGAMITAN
PAGMAMALABIS
FINS
GILLS
HOOK
PANGA
LAWA
KARAGATAN
PASENSYA
ILOG
PANAHON
TUBIG
TIMBANG
WIRE

21 - Restaurant #1

R	Q	T	S	A	D	G	G	F	P	E	D	K	D
M	E	S	P	H	H	W	M	E	N	U	E	A	W
P	K	S	K	U	T	S	I	L	Y	O	S	R	O
Q	W	R	E	Z	R	P	B	W	A	M	S	N	G
N	H	R	G	R	S	A	S	F	P	Y	E	E	W
M	A	N	O	K	B	F	J	E	A	S	R	A	S
A	N	I	S	U	K	A	C	F	N	M	T	N	P
B	P	A	K	G	N	A	S	P	I	Y	K	A	A
W	G	M	P	L	A	T	O	Y	T	T	K	P	G
J	R	U	T	D	H	T	D	V	O	K	A	K	K
V	F	K	A	L	L	E	R	G	Y	N	T	I	A
Q	B	H	K	T	L	K	A	P	E	E	B	N	I
J	M	J	M	A	A	N	G	H	A	N	G	N	N
M	A	N	G	K	O	K	C	A	S	H	I	E	R

ALLERGY
MANGKOK
TINAPAY
CASHIER
MANOK
KAPE
DESSERT
PAGKAIN
SANGKAP
KUSINA
KUTSILYO
KARNE
MENU
NAPKIN
PLATO
RESERBASYON
SARSA
MAANGHANG
KUMAIN

22 - Bees

N	K	C	X	Z	N	N	L	Z	D	H	T	N	I
G	T	M	E	I	I	T	E	S	C	V	N	P	B
O	A	P	T	S	F	J	E	N	P	W	A	K	S
N	N	R	U	I	F	E	F	B	H	H	M	O	E
U	Y	O	A	G	R	O	A	R	H	A	A	S	C
P	E	T	T	W	A	A	V	S	N	R	L	U	O
O	R	A	M	M	L	D	H	S	Y	D	A	B	S
L	N	N	D	U	Q	Y	S	A	E	I	H	U	Y
L	N	I	A	K	G	A	P	T	N	N	F	L	S
E	H	L	S	W	Y	W	U	U	O	U	L	A	T
N	E	L	X	R	Y	Q	Y	R	H	X	F	K	E
O	T	O	K	A	P	K	A	P	A	G	M	L	M
O	N	P	B	L	O	S	S	O	M	N	L	A	X
S	K	Q	V	I	N	S	E	K	T	O	B	K	U

BLOSSOM
ECOSYSTEM
BULAKLAK
PAGKAIN
PRUTAS
HARDIN
TIRAHAN
PUGAD
HONEY
INSEKTO
HALAMAN
POLLEN
POLLINATOR
REYNA
USOK
ARAW
PUNOG
WAKS
MGA PAKPAK

23 - Photography

N	P	O	E	J	W	P	S	P	L	P	M	R	B
O	N	A	H	A	B	I	A	K	P	E	D	L	Z
Y	G	T	N	Y	V	F	D	T	C	P	A	N	S
S	V	O	T	A	X	G	N	A	W	A	R	A	L
I	R	N	W	E	N	O	Y	M	H	G	V	M	E
S	W	I	T	V	X	A	Y	R	K	I	I	I	K
O	B	N	E	W	Q	T	W	O	S	I	S	L	S
P	P	A	I	T	I	M	U	F	L	L	U	I	I
M	O	J	G	W	I	X	H	R	I	A	A	D	B
O	D	E	M	A	R	F	R	I	E	W	L	A	I
K	U	L	A	Y	Y	C	A	M	E	R	A	K	S
L	U	M	A	M	B	O	T	D	D	F	Y	O	Y
L	E	N	Z	P	A	K	S	A	W	H	Y	S	O
K	A	H	U	L	U	G	A	N	H	T	U	M	N

ITIM
CAMERA
KULAY
KOMPOSISYON
KAIBAHAN
KADILIMAN
KAHULUGAN
EKSIBISYON
FORMAT
FRAME
PAG-IILAW
BAGAY
PANANAW
LARAWAN
ANINO
LUMAMBOT
PAKSA
TEXTURE
VISUAL

24 - Weather

C	T	K	A	P	A	L	I	G	I	R	A	N	H
T	U	S	K	Q	Q	B	H	O	S	L	B	Q	J
A	Y	E	L	I	A	U	C	L	E	A	U	K	C
G	O	L	E	Y	R	L	L	U	S	N	H	L	V
T	D	V	T	O	U	A	S	K	B	G	A	I	F
U	A	H	R	M	T	P	H	P	A	I	W	M	W
Y	M	A	O	I	A	B	N	G	O	T	I	A	T
O	L	N	P	S	R	D	E	T	A	L	D	I	K
T	A	G	I	K	E	K	X	O	O	H	A	G	F
B	K	I	K	Z	P	V	F	B	O	F	A	R	E
D	A	N	A	M	M	F	D	P	P	J	J	B	J
F	L	G	L	P	E	M	S	H	A	M	O	G	E
U	Y	K	Y	S	T	I	X	Q	F	J	H	K	Q
Z	O	N	N	O	O	S	N	O	M	L	Z	W	T

KAPALIGIRAN
SIMOY
KALMADO
KLIMA
ULAP
TAGTUYOT
TUYO
HAMOG
YELO
KIDLAT
MONSOON
POLAR
BAHAGHARI
LANGIT
BAGYO
TEMPERATURA
KULOG
BUHAWI
TROPIKAL
HANGIN

25 - Adventure

K	E	M	E	P	M	T	S	S	V	J	A	P	M
A	X	N	A	H	A	D	N	A	G	A	K	A	G
L	C	S	A	P	T	O	T	I	V	R	T	G	A
I	U	F	I	H	A	S	J	R	K	M	I	H	K
K	R	X	K	G	H	N	Q	G	F	D	B	A	A
A	S	C	E	D	A	M	G	P	Q	W	I	H	I
S	I	J	D	X	B	S	E	A	E	I	D	A	B
A	O	E	B	N	W	C	I	F	N	W	A	N	I
N	N	N	O	M	A	H	A	G	M	I	D	D	G
K	A	H	I	R	A	P	A	N	L	L	B	A	A
I	T	I	N	E	R	A	R	Y	O	M	K	J	N
K	A	G	A	L	A	K	A	N	B	A	G	O	B
K	A	T	A	P	A	N	G	A	N	E	B	N	Y
P	A	G	K	A	K	A	T	A	O	N	B	G	U

AKTIBIDAD
KAGANDAHAN
KATAPANGAN
MGA HAMON
PAGKAKATAON
MAPANGANIB
KAHIRAPAN
SIGASIG
EXCURSION
MGA KAIBIGAN
ITINERARYO
KAGALAKAN
KALIKASAN
BAGO
PAGHAHANDA

26 - Circus

S	C	A	R	T	L	E	O	N	T	U	M	D	U
B	G	L	D	A	O	P	K	T	N	N	A	J	M
G	V	F	M	B	B	L	T	V	M	G	G	U	L
D	A	X	M	O	O	U	D	O	G	G	I	G	T
K	S	F	A	R	L	F	O	A	A	O	C	G	U
K	F	R	M	C	S	I	O	K	H	Y	I	L	O
A	S	V	A	A	Z	F	N	I	A	F	A	E	X
T	Q	R	G	D	E	I	O	S	Y	S	N	R	G
I	R	O	I	A	U	U	N	U	O	E	B	J	J
K	C	P	C	R	T	Y	A	M	P	L	U	A	S
A	E	S	B	A	I	E	M	U	T	S	O	C	V
P	E	N	Q	P	K	T	R	I	C	K	I	E	P
I	Z	E	D	C	E	G	N	Z	C	L	O	W	N
M	E	R	G	I	T	E	L	E	P	A	N	T	E

ACROBAT
MGA HAYOP
LOBO
KENDI
CLOWN
COSTUME
ELEPANTE
JUGGLER
LEON
MAGIC
MAGICIAN
UNGGOY
MUSIKA
PARADA
IPAKITA
MANONOOD
TOLDA
TIKET
TIGRE
TRICK

27 - Restaurant #2

T	Q	T	K	D	Z	H	F	Q	X	S	S	N	I
X	M	O	W	S	O	K	I	T	U	W	Q	V	T
E	Q	Z	F	N	I	M	U	N	I	O	J	S	L
N	J	S	J	J	G	Y	F	T	I	S	D	A	O
R	O	D	I	N	I	T	N	I	S	A	H	P	G
K	L	U	Z	S	H	I	A	H	D	A	L	A	S
T	E	R	E	S	H	N	U	Y	J	U	R	R	W
U	Y	Y	N	S	P	B	P	D	U	X	Q	A	E
B	A	A	K	O	M	X	U	A	M	G	N	S	Y
I	L	M	O	P	H	A	P	U	N	A	N	A	T
G	U	M	J	A	P	A	N	S	I	T	B	M	E
E	G	P	Q	S	A	T	U	R	P	K	B	H	R
T	A	N	G	H	A	L	I	A	N	W	C	E	J
Q	W	Q	N	P	A	M	P	A	G	A	N	A	B

PAMPAGANA
INUMIN
KEYK
UPUAN
MASARAP
HAPUNAN
ITLOG
ISDA
TINIDOR
PRUTAS
YELO
TANGHALIAN
PANSIT
SALAD
ASIN
SOPAS
KUTSARA
GULAY
WEYTER
TUBIG

28 - Geology

L	A	T	S	I	R	K	A	G	M	A	Q	K	X
L	A	R	O	C	Z	U	C	M	I	S	U	N	Q
N	A	K	L	U	B	V	R	M	N	I	A	N	T
M	U	Y	S	T	L	A	K	S	E	D	R	O	U
F	T	E	E	T	S	M	D	R	R	O	T	M	L
O	M	T	P	R	H	A	O	T	A	B	Z	P	A
S	H	N	G	E	Y	S	E	R	L	P	F	A	V
P	G	E	A	A	S	I	N	M	M	J	A	G	A
Y	U	N	G	I	B	L	I	N	D	O	L	G	Z
G	P	I	P	L	A	T	E	A	U	X	C	U	L
J	E	T	I	T	C	A	L	A	T	S	Y	H	E
O	C	N	J	S	F	O	S	S	I	L	C	O	S
T	X	O	E	Z	C	S	T	D	Q	Y	L	Q	P
O	J	K	Z	U	B	L	S	M	T	T	E	O	X

ASIDO
KALTSYUM
YUNGIB
KONTINENTE
CORAL
MGA KRISTAL
CYCLE
LINDOL
PAGGUHO
FOSSIL
GEYSER
LAVA
LAYER
MINERAL
PLATEAU
QUARTZ
ASIN
STALACTITE
BATO
BULKAN

29 - House

M	W	K	U	S	I	N	A	L	B	Y	E	E	P
A	G	A	S	X	E	Z	A	N	A	T	N	I	B
K	D	A	L	H	O	E	H	I	K	G	C	I	B
L	O	H	S	I	O	Z	W	J	O	T	N	I	P
A	Q	A	V	U	S	W	W	K	D	I	L	I	S
T	S	R	M	O	S	C	E	B	U	B	O	N	G
A	A	D	K	A	N	I	T	R	U	K	A	G	M
N	H	I	Z	Q	G	T	P	A	D	E	R	S	X
Z	I	N	T	R	H	T	K	J	G	G	J	A	J
N	G	O	U	F	E	A	N	H	A	N	W	L	I
L	A	M	P	A	R	A	L	S	R	A	G	A	J
F	I	R	E	P	L	A	C	E	A	R	S	M	S
O	O	H	G	A	D	N	J	M	H	U	N	I	F
X	A	Q	H	T	B	O	Z	P	E	M	M	N	I

ATTIC
WALIS
MGA KURTINA
PINTO
BAKOD
FIREPLACE
SAHIG
MURANGE
GARAHE
HARDIN
MGA SUSI
KUSINA
LAMPARA
AKLATAN
SALAMIN
BUBONG
SILID
SHOWER
PADER
BINTANA

30 - Physics

M	R	B	E	G	B	T	F	G	M	A	L	D	S
O	N	K	I	A	Z	I	H	N	U	W	T	E	C
L	H	E	R	S	H	H	L	Q	J	T	S	O	B
E	H	M	N	Y	V	B	F	I	P	I	H	W	M
K	T	I	K	A	G	N	A	P	S	T	J	K	J
U	A	K	A	W	A	L	A	P	A	P	G	A	P
L	R	A	E	L	C	U	N	N	V	U	O	R	E
A	A	L	U	M	R	O	F	U	B	A	K	T	D
L	Y	L	R	C	T	E	D	E	N	S	I	T	Y
A	C	C	E	L	E	R	A	T	I	O	N	Z	K
M	A	K	I	N	A	Q	X	Q	R	J	A	N	R
D	A	J	N	A	H	U	L	U	G	A	K	N	F
D	A	L	A	S	M	A	S	A	O	R	E	H	E
R	E	L	A	T	I	B	O	N	G	K	M	B	W

ACCELERATION
ATOM
KAGULUHAN
KEMIKAL
DENSITY
MAKINA
PAGPAPALAWAK
FORMULA
DALAS
GAS
PANG-AKIT
MASA
MEKANIKO
MOLEKULA
NUCLEAR
RELATIBONG
BILIS

31 - Dance

N	K	T	T	U	M	A	L	O	N	D	P	P	J
A	A	A	R	U	T	L	U	K	V	A	O	A	Q
Z	O	G	T	A	A	T	E	S	X	M	S	G	X
O	Q	H	P	A	D	C	N	O	U	D	T	E	V
N	Q	Q	O	A	W	I	S	V	E	A	U	E	A
T	B	R	E	U	P	A	S	M	F	M	R	N	C
M	U	S	I	K	A	A	N	Y	E	I	E	S	A
S	I	N	I	N	G	Y	H	X	O	N	G	A	D
B	I	Y	A	Y	A	T	O	A	D	N	M	Y	E
N	A	G	A	G	A	L	A	K	Y	E	A	O	M
Y	Z	R	I	T	M	O	E	F	X	A	V	L	Y
V	I	S	U	A	L	W	A	L	A	G	G	A	P
C	H	O	R	E	O	G	R	A	P	H	Y	Y	O
K	L	A	S	I	K	O	Y	S	O	S	A	K	Y

ACADEMY
SINING
KATAWAN
CHOREOGRAPHY
KLASIKO
KULTURA
DAMDAMIN
NAGPAPAHAYAG
BIYAYA
NAGAGALAK
TUMALON
PAGGALAW
MUSIKA
KASOSYO
POSTURE
PAG-EENSAYO
RITMO
TRADISYONAL
VISUAL

32 - Colors

V	Z	Q	S	C	A	I	E	V	A	Z	U	R	E
J	I	T	E	D	R	E	B	Z	P	J	D	K	G
R	I	O	Z	A	W	I	I	L	I	T	I	M	I
S	D	B	L	Z	K	G	M	U	V	W	I	E	E
P	M	A	U	E	Y	G	P	S	U	Y	C	Z	B
U	D	Y	D	N	T	N	U	A	O	R	I	N	O
T	I	A	I	H	H	A	S	E	G	N	A	R	O
I	L	L	X	I	P	M	I	G	N	A	L	I	L
K	A	U	N	N	V	U	Y	X	B	Y	U	O	G
S	W	K	M	D	F	Y	A	Y	T	C	P	F	I
F	E	P	R	I	O	A	T	N	E	G	A	M	P
M	F	P	E	G	O	K	N	I	P	M	D	U	G
X	N	R	I	O	R	C	T	I	Y	S	Z	S	N
Y	V	E	N	A	J	D	T	Z	N	Y	A	M	E

AZURE
BEIGE
ITIM
ASUL
KAYUMANGGI
CRIMSON
CYAN
PUSIYA
BERDE
KULAY-ABO
INDIGO
MAGENTA
ORANGE
PINK
LILANG
PULA
SEPIA
VIOLET
PUTI
DILAW

33 - Climbing

R	G	A	P	Q	C	O	V	L	L	T	M	A	M
K	Z	W	Q	E	D	Y	Z	U	A	A	W	K	A
I	U	H	I	K	I	N	G	P	L	P	K	I	P
B	F	W	Z	T	T	P	G	A	T	I	F	A	A
C	K	D	E	M	I	A	U	I	I	S	A	L	S
M	O	D	L	B	K	G	W	N	T	I	S	A	Y
Z	G	P	W	G	A	U	A	C	U	K	A	S	Y
G	E	A	I	D	M	S	N	U	D	A	H	N	O
L	F	E	G	H	U	I	T	B	E	L	B	I	X
G	L	M	P	A	V	S	E	O	B	D	U	P	E
A	L	W	V	S	B	A	S	T	E	M	L	E	H
Z	I	K	N	O	M	A	H	A	G	M	A	T	I
J	C	B	C	H	O	A	Y	N	K	G	D	V	J
K	A	T	A	T	A	G	A	N	L	R	R	U	Z

ALTITUDE
BOTA
KUWEBA
MGA HAMON
PAG-USISA
DALUBHASA
GUWANTES
MGA GABAY
HELMET
HIKING
PINSALA
MAPA
MAKITID
PISIKAL
KATATAGAN
LAKAS
LUPAIN

34 - Scientific Disciplines

K	I	N	E	S	I	O	L	O	G	Y	M	N	B
A	R	K	E	O	L	O	H	I	Y	A	Y	E	I
H	E	O	L	O	H	I	Y	A	N	N	U	U	O
I	M	M	U	N	O	L	O	G	Y	Y	P	R	C
C	J	A	A	N	A	T	O	M	I	Y	A	O	H
M	E	K	A	N	I	K	O	D	H	B	Y	L	E
B	I	O	L	O	G	Y	G	W	H	P	I	O	M
S	I	K	O	L	O	H	I	Y	A	S	H	H	I
P	I	S	Y	O	L	O	H	I	Y	A	O	I	S
S	O	S	Y	O	L	O	H	I	Y	A	L	Y	T
K	O	I	H	Q	K	I	M	I	K	A	O	A	R
Y	P	A	S	T	R	O	N	O	M	Y	K	T	Y
M	I	N	E	R	A	L	O	G	Y	R	E	I	R
L	I	N	G	G	W	I	S	T	I	K	A	R	O

ANATOMIYA
ARKEOLOHIYA
ASTRONOMY
BIOCHEMISTRY
BIOLOGY
KIMIKA
EKOLOHIYA
HEOLOHIYA
IMMUNOLOGY
KINESIOLOGY
LINGGWISTIKA
MEKANIKO
MINERALOGY
NEUROLOHIYA
PISYOLOHIYA
SIKOLOHIYA
SOSYOLOHIYA

35 - Science

M	H	D	W	E	G	G	D	A	Y	R	O	E	T
I	O	A	M	O	L	E	C	U	L	E	Y	K	C
N	R	T	M	F	O	S	S	I	L	Q	R	S	P
E	A	A	O	M	S	I	N	A	G	R	O	P	A
R	M	M	T	K	H	Z	B	B	Z	L	T	E	R
A	I	G	A	O	E	L	R	Q	P	N	A	R	A
L	L	T	R	L	Q	M	S	F	I	O	R	I	A
C	K	O	R	A	A	J	I	X	C	Y	O	M	N
Y	X	E	Q	V	V	H	B	K	T	S	B	E	S
C	Z	A	K	I	S	I	P	T	A	U	A	N	J
W	P	L	O	Y	V	N	T	J	I	L	L	T	A
P	A	R	T	I	C	L	E	Y	P	O	W	O	O
K	A	L	I	K	A	S	A	N	V	B	V	D	H
J	A	C	A	P	D	P	H	X	Z	E	S	Y	V

ATOM
KEMIKAL
KLIMA
DATA
EBOLUSYON
EKSPERIMENTO
FOSSIL
GRAVITY
TEORYA
LABORATORYO
PARAAN
MINERAL
MOLECULE
KALIKASAN
ORGANISMO
PARTICLE
PISIKA
HALAMAN

36 - Beauty

A	A	D	P	S	A	L	A	M	I	N	P	J	N
T	N	W	S	H	W	J	Z	Y	X	C	M	J	H
K	U	L	A	Y	O	S	I	N	I	K	A	M	A
K	P	Z	V	Y	O	T	Z	X	M	G	T	L	L
A	A	N	T	M	P	A	O	O	H	N	I	E	I
G	M	L	X	B	M	L	N	G	R	I	K	J	M
A	P	S	M	F	A	A	K	N	E	T	A	Y	U
N	A	V	C	M	H	B	O	A	I	N	S	F	Y
D	G	G	D	R	S	Y	J	B	B	U	I	J	A
A	A	J	B	I	Y	A	Y	A	E	G	I	C	K
H	N	A	D	N	A	G	A	P	A	P	G	A	P
A	D	H	F	M	A	S	C	A	R	A	J	X	K
N	A	M	G	A	S	E	R	B	I	S	Y	O	N
Q	J	W	R	M	G	A	K	U	L	O	T	W	G

KULAY
PAGPAPAGANDA
MGA KULOT
KAGANDAHAN
MATIKAS
HALIMUYAK
BIYAYA
PAMPAGANDA
MASCARA
SALAMIN
PHOTOGENIC
PABANGO
GUNTING
MGA SERBISYO
SHAMPOO
BALAT
MAKINIS

37 - To Fill

S	C	J	G	L	L	W	B	C	Q	I	S	K	B
B	N	I	A	A	E	T	H	R	E	W	A	R	D
T	N	O	B	T	R	E	Y	A	R	T	N	V	Z
F	O	L	D	E	R	A	D	T	E	K	S	A	B
Q	T	C	B	K	A	B	P	E	T	O	B	S	D
H	R	S	D	C	B	A	R	O	P	H	N	O	E
D	A	Z	S	A	K	S	F	B	N	K	T	B	B
M	K	T	V	P	T	I	V	J	O	G	A	R	U
V	A	T	U	B	C	N	S	D	H	S	H	E	L
M	K	L	V	A	S	E	D	R	A	J	B	S	S
N	Y	V	E	E	J	O	V	X	K	S	L	V	A
B	U	O	B	T	E	K	C	U	B	T	K	E	N
M	E	S	U	G	A	Q	H	S	U	L	J	U	N
Y	S	A	T	C	H	F	A	L	V	P	F	I	N

BAG
BARREL
BASIN
BASKET
BOTE
KAHON
BUCKET
KARTON
CRATE
DRAWER
SOBRE
FOLDER
GARAPON
PACKET
BULSA
MALETA
TRAY
TUB
TUBE
VASE

38 - Clothes

S	Y	C	P	Q	U	L	R	D	K	O	S	U	P
P	I	R	S	A	H	A	L	A	D	L	A	P	A
R	J	N	K	Z	J	K	O	M	T	A	R	G	N
I	S	R	T	H	P	A	C	I	Y	S	E	U	T
F	D	I	I	U	T	F	M	T	D	F	S	W	A
A	P	R	O	N	R	F	R	A	C	S	L	A	L
S	W	Y	X	J	I	O	Z	H	S	O	U	N	O
U	A	L	P	R	H	S	N	S	V	D	P	T	N
L	F	P	F	A	S	H	I	O	N	P	T	E	H
B	Y	G	A	S	U	M	B	R	E	R	O	S	B
F	B	N	H	T	P	A	N	G	L	A	M	I	G
W	P	O	T	X	O	F	C	L	I	Q	M	R	R
D	Y	A	K	E	T	S	A	T	N	I	W	U	K
M	A	M	E	R	I	K	A	N	A	I	O	P	M

APRON
SINTURON
BLUSA
PULSERAS
AMERIKANA
DAMIT
FASHION
GUWANTES
SUMBRERO
DYAKET
MAONG
ALAHAS
KUWINTAS
PAJAMAS
PANTALON
SCARF
SHIRT
SAPATOS
PALDA
PANGLAMIG

39 - Ethics

K	P	A	S	E	N	S	Y	A	S	B	A	I	X
F	O	M	S	I	L	A	E	R	O	K	X	N	N
K	P	O	L	B	G	A	O	W	V	A	A	A	A
H	A	X	P	L	N	G	M	T	W	T	A	H	Y
O	G	K	P	E	A	A	C	M	T	A	L	U	I
D	K	M	U	V	R	L	A	L	N	P	T	A	P
I	A	N	A	T	I	A	B	A	K	A	R	T	O
G	H	Y	X	U	W	H	S	O	C	T	U	A	S
N	A	G	N	M	T	A	X	Y	P	A	I	K	O
I	B	N	Y	F	A	G	O	W	O	N	S	G	L
D	A	Z	U	C	K	M	X	S	L	N	M	N	I
A	G	Q	A	Y	A	R	A	P	A	P	G	A	P
D	O	M	S	I	M	I	T	P	O	R	Q	S	V
E	M	A	G	A	L	A	N	G	P	W	L	F	D

ALTRUISM
PAGKAHABAG
KOOPERASYON
DIGNIDAD
KATAPATAN
SANGKATAUHAN
KABAITAN
OPTIMISMO
PASENSYA
PILOSOPIYA
REALISMO
MAKATWIRANG
MAGALANG
PAGPAPARAYA
MGA HALAGA

40 - Insects

E	O	H	L	O	K	P	A	A	F	C	T	D	R
F	E	L	O	U	O	N	O	P	L	I	W	R	W
U	O	D	O	Y	M	Y	E	H	E	C	A	A	Y
P	Y	D	U	P	A	C	G	I	A	A	S	G	V
T	A	V	R	A	L	B	V	D	Y	D	P	O	V
I	N	R	L	A	D	Y	B	U	G	A	Z	N	F
P	A	B	U	C	U	R	E	D	L	R	L	F	V
A	V	E	Y	P	G	M	M	O	T	H	D	L	Z
K	L	E	G	N	A	L	A	B	N	Y	I	Y	Y
L	F	T	H	S	D	R	U	N	A	C	P	Q	E
O	M	L	Q	B	Q	S	O	Q	T	S	I	Z	D
N	T	E	N	R	O	H	P	S	M	I	S	M	C
G	X	B	O	H	G	B	Q	M	F	B	S	S	M
P	U	K	Y	U	T	A	N	K	T	M	P	L	N

ANT
APHID
PUKYUTAN
BEETLE
PARUPARO
CICADA
IPIS
DRAGONFLY
FLEA
TIPAKLONG
HORNET
LADYBUG
LARVA
BALANG
MANTIS
LAMOK
MOTH
ANAY
WASP
UOD

41 - Astronomy

O	O	C	S	W	P	D	I	V	T	A	O	K	A
B	M	O	R	U	J	K	W	E	D	J	Q	A	S
S	O	S	O	P	P	J	W	F	M	V	Q	L	T
E	N	M	C	Z	C	E	N	K	I	E	N	A	R
R	O	O	K	D	I	O	R	E	T	S	A	W	O
B	R	S	E	L	U	P	A	N	K	T	W	A	N
A	T	O	T	T	C	A	I	D	O	Z	U	K	A
T	S	P	E	K	L	I	P	S	E	V	B	A	U
O	A	F	A	T	E	N	A	L	P	V	A	N	T
R	V	D	Q	G	E	T	I	L	L	E	T	A	S
Y	Z	L	L	A	H	M	N	E	B	U	L	A	R
O	K	O	N	S	T	E	L	A	S	Y	O	N	C
R	A	D	I	A	T	I	O	N	G	S	L	L	T
E	Q	U	I	N	O	X	L	A	N	G	I	T	M

ASTEROID
ASTRONAUT
ASTRONOMO
KONSTELASYON
COSMOS
LUPA
EKLIPSE
EQUINOX
KALAWAKAN
METEOR
BUWAN
NEBULA
OBSERBATORYO
PLANETA
RADIATION
ROCKET
SATELLITE
LANGIT
SUPERNOVA
ZODIAC

42 - Health and Wellness #2

K	U	J	T	E	V	M	V	T	V	J	C	Y	E
P	A	N	I	M	A	T	I	B	P	B	A	O	N
M	A	L	O	S	P	I	T	A	L	O	L	N	E
A	A	G	I	S	B	K	C	N	D	C	O	X	R
R	L	S	B	N	A	A	P	B	A	Y	R	C	H
K	Z	O	A	A	I	S	Z	E	L	N	I	N	I
F	U	J	O	H	W	S	B	G	L	O	E	R	Y
I	A	D	G	I	E	I	A	T	E	Y	I	D	A
M	A	L	U	S	O	G	Y	N	R	S	Q	O	P
M	E	C	D	E	M	S	F	B	G	I	J	O	D
I	M	P	E	K	S	Y	O	N	Y	R	D	M	S
X	P	G	A	N	A	Y	I	M	O	T	A	N	A
T	I	M	B	A	N	G	F	F	C	U	R	V	P
S	S	E	R	T	S	C	I	T	E	N	E	G	J

ALLERGY
ANATOMIYA
GANA
DUGO
CALORIE
DIYETA
SAKIT
ENERHIYA
GENETICS
MALUSOG
OSPITAL
KALINISAN
IMPEKSYON
MASAHE
MOOD
NUTRISYON
PAGBAWI
STRESS
BITAMINA
TIMBANG

43 - Time

U	V	J	V	A	A	T	T	U	Q	P	G	X	X
Z	M	A	Y	O	Y	R	A	D	N	E	L	A	K
A	R	A	L	O	O	E	O	L	I	N	G	G	O
C	D	O	G	A	B	G	N	Z	L	B	B	A	R
P	R	G	N	A	N	U	A	T	H	U	L	A	H
D	E	K	A	D	A	O	Y	B	Z	W	Q	M	D
F	N	R	Q	L	S	T	R	Q	I	A	P	E	R
T	A	N	G	H	A	L	I	A	L	N	V	J	G
F	M	O	V	T	R	U	E	H	S	A	G	V	W
S	F	Y	C	S	O	P	A	T	A	K	G	A	P
I	S	A	O	B	P	J	A	K	E	C	T	M	U
G	K	G	N	F	P	A	R	A	H	A	N	I	H
L	Q	N	O	P	A	H	A	K	R	D	C	Y	P
O	T	U	N	I	M	K	W	D	E	X	F	A	F

PAGKATAPOS
TAUNANG
BAGO
KALENDARYO
SIGLO
ORASAN
ARAW
DEKADA
MAAGA
HINAHARAP
ORAS
MINUTO
BUWAN
UMAGA
GABI
TANGHALI
NGAYON
LINGGO
TAON
KAHAPON

44 - Buildings

P	A	A	R	A	L	A	N	A	M	B	P	U	Y
X	A	A	X	I	G	I	L	P	T	U	O	A	G
E	R	D	R	H	L	P	Q	A	T	O	S	F	T
O	S	P	I	T	A	L	H	R	N	O	W	E	R
Y	L	K	X	E	Y	E	O	T	R	R	L	E	O
R	L	A	K	K	G	T	T	M	M	T	J	D	R
O	I	S	K	R	Q	S	E	E	X	A	S	U	A
T	S	T	R	A	F	O	L	N	Z	E	J	E	I
A	T	I	Q	M	W	H	W	T	D	T	R	W	C
R	A	L	D	R	E	M	B	A	H	A	D	A	C
O	D	Y	V	E	N	B	M	F	Y	S	G	A	A
B	Y	O	F	P	X	A	K	I	R	B	A	P	B
A	U	R	W	U	N	R	U	E	G	F	N	V	I
L	M	Q	M	S	U	N	A	H	E	N	I	S	N

APARTMENT
BARN
CABIN
KASTILYO
SINEHAN
EMBAHADA
PABRIKA
OSPITAL
HOSTEL
HOTEL
LABORATORYO
MUSEO
PAARALAN
ISTADYUM
SUPERMARKET
TOLDA
TEATRO
TOWER

45 - Philanthropy

P	X	O	M	G	A	P	R	O	G	R	A	M	A
Q	A	K	A	S	A	Y	S	A	Y	A	N	M	Q
O	V	N	W	T	C	A	T	N	O	C	A	G	M
K	N	N	D	M	G	A	T	A	O	N	K	A	T
M	A	I	P	A	L	A	N	A	N	A	P	H	I
M	G	W	O	K	I	L	B	U	P	T	P	A	C
G	N	A	A	J	T	G	Y	R	S	A	O	M	M
A	A	T	L	N	N	M	D	M	S	P	N	O	I
G	L	A	O	A	G	D	E	I	D	A	D	N	S
R	I	B	D	T	Y	G	O	L	G	T	O	X	Y
U	A	A	R	I	O	U	A	U	M	A	L	Q	O
P	K	G	D	T	K	H	N	W	E	K	N	I	N
O	H	M	J	K	R	J	V	I	A	L	U	G	G
B	V	A	B	F	D	A	D	I	N	U	M	O	K

MGA HAMON
KAWANGGAWA
MGA BATA
KOMUNIDAD
MGA CONTACT
PANANALAPI
PONDO
PANDAIGDIGANG
MGA LAYUNIN
MGA GRUPO
KASAYSAYAN
KATAPATAN
MISYON
KAILANGAN
MGA TAO
MGA PROGRAMA
PUBLIKO

46 - Gardening

O	L	R	I	U	F	F	L	O	R	A	L	F	B
B	R	J	D	S	Q	O	R	A	G	P	N	A	H
O	L	C	I	U	I	W	L	K	N	U	E	V	P
T	A	V	H	V	M	K	X	I	K	L	I	M	A
A	L	C	N	A	G	I	D	T	A	B	L	O	M
N	A	Q	I	J	R	Z	A	O	C	G	R	S	G
I	G	I	B	Z	T	D	H	S	O	N	E	S	A
C	Y	R	A	C	B	A	O	K	M	A	H	O	S
A	A	Q	G	P	O	F	N	E	P	K	G	L	P
L	N	F	M	B	U	C	O	H	O	A	S	B	E
R	H	O	S	E	Q	V	Y	S	S	K	T	Z	C
S	K	V	A	Z	U	Z	V	A	T	A	C	B	I
T	U	B	I	G	E	X	B	B	L	I	O	I	E
P	L	X	A	N	T	C	F	H	A	N	W	R	S

BLOSSOM
BOTANICAL
BOUQUET
KLIMA
COMPOST
LALAGYAN
DUMI
NAKAKAIN
EKSOTIK
FLORAL
FOLIAGE
HOSE
DAHON
ORCHARD
MGA BINHI
LUPA
MGA SPECIES
TUBIG

47 - Herbalism

B	A	W	A	N	G	G	U	S	A	R	A	H	K
B	Z	Z	J	X	O	G	N	A	B	A	M	I	A
S	A	F	F	R	O	N	S	N	S	J	J	U	L
R	O	S	E	M	A	R	Y	G	D	Y	W	T	I
D	C	Y	A	T	K	A	L	K	A	L	U	B	D
M	L	B	E	H	K	S	E	A	S	B	M	Y	A
M	A	R	J	O	R	A	M	P	Z	A	I	J	D
C	P	A	G	L	U	L	U	T	O	S	N	S	D
T	A	R	R	A	G	O	N	H	I	I	T	F	T
W	E	M	R	E	D	N	E	V	A	L	N	Y	V
O	M	D	S	B	O	V	P	Q	R	R	Z	I	P
F	F	O	R	E	G	A	N	O	W	R	D	D	Z
O	L	I	H	E	R	E	P	A	Q	I	A	I	P
L	G	F	Y	I	B	H	A	L	A	M	A	N	N

MABANGO
BASIL
PAGLULUTO
HARAS
LASA
BULAKLAK
HARDIN
BAWANG
BERDE
SANGKAP
LAVENDER
MARJORAM
MINT
OREGANO
PEREHIL
HALAMAN
KALIDAD
ROSEMARY
SAFFRON
TARRAGON

48 - Vehicles

S	R	E	T	U	K	S	I	R	O	C	K	E	T
U	P	R	J	P	R	O	T	K	A	R	T	A	S
B	C	G	M	C	Y	P	T	F	A	R	S	L	M
M	A	N	I	K	A	M	V	S	O	D	N	O	B
A	R	I	D	K	W	V	V	Q	E	C	B	Y	A
R	A	R	W	T	B	T	M	R	C	R	U	K	N
I	V	A	M	B	U	L	A	N	S	I	Y	A	G
N	A	S	X	W	S	T	A	X	I	G	B	R	K
O	N	F	E	R	R	Y	E	X	Y	O	U	T	A
H	E	L	I	C	O	P	T	E	R	H	S	O	M
G	U	L	O	N	G	F	E	I	E	I	Q	D	O
N	C	E	S	B	I	S	I	K	L	E	T	A	T
E	R	O	P	L	A	N	O	K	Z	V	J	X	O
W	E	D	P	M	H	E	X	L	E	T	H	U	R

EROPLANO
AMBULANSIYA
BISIKLETA
BANGKA
BUS
KOTSE
CARAVAN
MAKINA
FERRY
HELICOPTER
MOTOR
RAFT
ROCKET
ISKUTER
SUBMARINO
SUBWAY
TAXI
GULONG
TRAKTOR
TRAK

49 - Flowers

T	U	L	I	P	G	J	A	S	M	I	N	E	T
F	R	A	I	D	L	A	I	L	O	N	G	A	M
U	Y	S	S	S	L	L	R	T	A	V	L	W	Y
P	L	U	M	E	R	I	A	D	A	K	G	S	F
C	O	C	L	L	N	O	I	L	E	D	N	A	D
A	S	S	A	Q	I	S	A	I	Y	N	O	E	P
L	A	I	V	D	O	L	N	L	P	M	I	U	B
E	R	B	E	A	E	R	A	Y	P	E	T	A	O
N	I	I	N	I	H	G	K	C	O	H	O	D	U
D	M	H	D	S	Y	D	W	I	P	E	L	O	Q
U	N	T	E	Y	M	C	Q	Y	D	E	U	W	U
L	L	N	R	E	J	A	S	O	J	Y	L	X	E
A	K	Y	K	L	O	U	B	E	R	D	A	G	T
D	A	F	F	O	D	I	L	S	U	B	T	S	B

BOUQUET
CALENDULA
KLOUBER
DAFFODIL
DAISY
DANDELION
GARDENIA
HIBISCUS
JASMINE
LAVENDER
LILAC
LILY
MAGNOLIA
ORKIDYAS
PEONY
TALULOT
PLUMERIA
POPPY
MIRASOL
TULIP

50 - Health and Wellness #1

B	B	U	T	O	E	T	D	O	K	T	O	R	H
Q	A	B	A	N	R	Q	H	H	J	N	B	G	O
Z	Z	L	B	Q	Z	E	E	E	Z	N	A	U	R
P	D	P	A	Z	C	K	F	T	R	R	L	T	M
I	X	P	J	T	X	Z	R	L	Q	A	I	O	O
K	A	L	A	M	N	A	N	R	E	I	P	M	N
P	A	R	M	A	S	Y	A	V	B	X	T	Y	E
P	A	G	P	A	P	A	H	I	N	G	A	K	S
I	A	Z	G	A	M	O	T	L	O	F	U	L	U
N	E	R	B	I	Y	O	S	A	A	Z	R	I	R
B	A	K	T	E	R	Y	A	G	M	Y	W	N	I
E	A	K	T	I	B	O	O	U	Z	V	R	I	V
Q	X	P	A	G	G	A	M	O	T	T	Y	K	B
K	C	A	R	T	A	A	S	J	E	D	C	A	O

AKTIBO
BAKTERYA
BUTO
KLINIKA
DOKTOR
BALI
UGALI
TAAS
HORMONES
GUTOM
GAMOT
KALAMNAN
NERBIYOS
PARMASYA
REFLEX
PAGPAPAHINGA
BALAT
THERAPY
PAGGAMOT
VIRUS

51 - Town

E	R	O	T	S	K	O	O	B	G	Q	L	I	I
T	K	T	Q	L	I	D	Y	U	M	I	F	S	N
E	Q	S	G	H	O	N	R	N	D	N	I	T	C
K	L	I	N	I	K	A	E	H	E	G	A	A	B
R	E	R	A	V	G	H	L	H	B	G	K	D	P
A	T	O	R	D	N	A	L	Z	A	R	L	Y	A
M	O	L	A	S	A	D	A	W	G	N	A	U	N
R	H	F	P	X	B	N	G	Y	L	A	T	M	A
E	Q	K	I	A	D	I	R	R	M	L	A	D	D
P	M	G	L	R	Z	T	Y	V	B	A	N	M	E
U	T	E	A	T	R	O	D	A	K	R	E	M	R
S	R	K	P	Z	O	O	Y	S	N	A	Q	D	Y
P	A	R	M	A	S	Y	A	U	P	A	J	J	A
U	S	V	Q	K	M	U	S	E	O	P	H	K	E

PALIPARAN
PANADERYA
BANGKO
BOOKSTORE
SINEHAN
KLINIKA
FLORIST
GALLERY
HOTEL
AKLATAN
MERKADO
MUSEO
PARMASYA
PAARALAN
ISTADYUM
TINDAHAN
SUPERMARKET
TEATRO
ZOO

52 - Antarctica

T	O	P	O	G	R	A	P	I	Y	A	E	W	A
A	L	U	S	N	I	N	E	P	K	A	W	Y	P
Z	E	T	U	B	I	G	T	Q	C	W	B	D	H
D	Y	H	G	J	P	L	G	F	O	C	O	V	E
P	A	G	L	I	P	A	T	N	R	K	H	D	M
W	Y	L	H	E	O	G	R	A	P	I	Y	A	O
M	G	A	I	B	O	N	D	J	W	W	D	Q	W
A	S	R	E	I	C	A	L	G	K	R	L	S	V
U	N	E	K	A	P	A	L	I	G	I	R	A	N
L	P	N	O	Y	S	A	B	R	E	S	N	O	K
A	K	I	S	K	I	L	A	N	A	N	A	M	Y
P	N	M	T	E	M	P	E	R	A	T	U	R	A
K	O	N	T	I	N	E	N	T	E	W	B	V	Y
S	I	Y	E	N	T	I	P	I	K	O	W	T	G

BAY
MGA IBON
ULAP
KONSERBASYON
KONTINENTE
COVE
KAPALIGIRAN
ḤEOGRAPIYA
GLACIERS
YELO
PAGLIPAT
MINERAL
PENINSULA
MANANALIKSIK
ROCKY
SIYENTIPIKO
TEMPERATURA
TOPOGRAPIYA
TUBIG

53 - Ballet

M	K	C	M	A	N	A	N	A	Y	A	W	B	K
K	U	A	H	T	Z	A	S	K	A	C	Z	A	O
U	G	S	L	O	M	T	I	R	R	B	M	L	M
S	G	T	I	A	R	Q	W	N	T	M	N	L	P
F	E	T	Z	K	M	E	Q	P	S	A	J	E	O
R	P	P	X	V	A	N	O	G	E	D	U	R	S
Z	F	P	F	S	O	S	A	G	K	L	I	I	I
E	Z	I	U	P	B	I	S	N	R	A	J	N	T
K	A	S	A	N	A	Y	A	N	O	A	V	A	O
K	J	Y	A	N	A	S	A	S	G	A	P	B	R
I	A	R	T	I	S	T	I	K	O	N	G	H	R
L	J	P	A	L	A	K	P	A	K	A	N	J	Y
O	L	I	T	S	E	K	A	A	Y	A	A	Y	A
S	N	A	G	P	A	P	A	H	A	Y	A	G	M

PALAKPAKAN
ARTISTIKONG
MADLA
BALLERINA
CHOREOGRAPHY
KOMPOSITOR
MANANAYAW
NAGPAPAHAYAG
KILOS
KAAYA-AYA
KALAMNAN
MUSIKA
ORKESTRA
PAGSASANAY
RITMO
KASANAYAN
ESTILO

54 - Fashion

T	E	X	T	U	R	E	O	E	T	U	X	A	O
L	Z	T	Y	P	R	M	K	C	S	Z	R	G	N
A	D	R	U	B	U	B	G	A	P	T	P	Q	R
L	O	O	R	J	Q	E	W	L	N	I	I	A	E
S	T	R	P	U	D	C	D	Z	R	M	F	L	D
I	E	I	U	H	L	W	U	N	E	A	E	E	O
M	L	H	K	Y	W	K	E	J	T	D	Y	W	M
P	A	I	K	O	M	P	O	R	T	A	B	L	E
L	H	N	R	M	I	N	I	M	A	L	I	S	T
E	L	A	K	I	T	K	A	R	P	A	B	M	S
A	H	L	I	G	P	J	G	K	X	H	T	K	Y
O	P	B	O	U	T	I	Q	U	E	A	K	H	H
K	A	T	A	M	T	A	M	A	N	M	C	W	P
T	R	E	N	D	M	A	T	I	K	A	S	P	E

BOUTIQUE
DAMIT
KOMPORTABLE
MATIKAS
PAGBUBURDA
MAHAL
TELA
LACE
MINIMALIST
MODERNO
KATAMTAMAN
ORIHINAL
PATTERN
PRAKTIKAL
SIMPLE
ESTILO
TEXTURE
TREND

55 - Human Body

B	I	I	K	B	C	X	N	V	B	A	L	A	T
U	L	N	Y	F	I	T	N	I	B	F	P	J	T
K	O	A	D	L	D	B	L	G	Q	L	C	V	H
U	N	Z	K	Y	A	T	I	E	D	N	M	H	F
N	G	A	R	D	L	C	R	G	E	G	U	U	T
G	L	F	V	I	I	P	T	H	M	G	K	G	S
B	W	Q	L	O	R	P	U	S	O	K	H	U	H
U	E	D	R	B	I	N	M	W	T	K	A	T	U
K	D	A	Y	A	M	A	K	V	U	J	C	V	L
O	U	U	Y	L	S	Z	V	P	B	P	I	W	O
N	G	O	C	I	T	A	I	N	G	A	H	N	G
G	O	O	L	K	L	U	B	T	U	H	O	D	Z
S	I	K	O	A	N	E	E	A	G	N	A	P	H
K	B	G	H	T	E	V	Z	P	B	P	W	V	R

BUKUNG-BUKONG
DUGO
BUTO
UTAK
BABA
TAINGA
SIKO
MUKHA
DALIRI
KAMAY
ULO
PUSO
PANGA
TUHOD
BINTI
BIBIG
LEEG
ILONG
BALIKAT
BALAT

56 - Musical Instruments

D	N	C	T	E	N	I	R	A	L	C	F	A	C
D	R	Y	R	R	B	I	Y	O	L	I	N	L	H
H	R	U	K	S	U	M	A	R	I	M	B	A	I
E	W	U	M	P	M	M	G	V	U	A	G	P	M
Z	G	L	M	S	N	J	P	J	E	G	N	L	E
C	E	L	L	O	T	P	V	E	O	B	O	A	S
T	N	S	K	N	V	I	N	Q	T	M	G	L	V
A	O	J	N	A	B	C	C	U	A	A	Q	F	B
M	B	H	K	I	P	Z	K	K	U	Q	I	S	K
B	M	H	D	P	Y	J	F	S	S	W	D	I	U
U	O	B	A	P	L	A	U	T	A	L	K	O	K
R	R	B	A	S	S	O	O	N	S	F	E	A	J
I	T	X	V	C	Y	M	A	N	D	O	L	I	N
N	O	P	O	S	K	A	S	G	I	T	A	R	A

BANJO
BASSOON
CELLO
CHIMES
CLARINET
DRUM
DRUMSTICKS
PLAUTA
GONG
GITARA
ALPA
MANDOLIN
MARIMBA
OBOE
PIANO
SAKSOPON
TAMBURIN
TROMBONE
TRUMPETA
BIYOLIN

57 - Fruit

A	L	M	B	B	D	B	X	S	M	L	C	N	D
Y	B	D	W	E	E	W	A	A	N	G	O	J	X
N	C	U	V	A	R	A	P	R	I	K	O	T	Y
I	H	L	K	V	Z	R	C	E	H	I	S	W	K
P	E	H	C	A	E	P	Y	P	A	P	A	Y	A
Q	R	L	S	S	D	A	N	K	I	W	I	I	N
S	R	I	E	A	A	O	F	F	Q	K	R	G	E
L	Y	M	X	B	F	G	M	E	L	O	N	O	C
J	J	O	T	U	X	T	I	L	A	N	W	S	T
S	A	N	A	S	N	A	M	N	G	I	Z	U	A
D	S	F	P	G	U	A	V	A	G	Y	T	H	R
R	A	S	P	B	E	R	R	Y	N	O	X	G	I
U	S	I	L	Z	Y	O	U	J	A	G	D	R	N
J	U	Y	X	U	N	Z	F	W	M	D	R	J	E

MANSANAS
APRIKOT
ABUKADO
SAGING
BERRY
CHERRY
NIYOG
IGOS
UBAS
GUAVA
KIWI
LIMON
MANGGA
MELON
NECTARINE
PAPAYA
PEACH
PERAS
PINYA
RASPBERRY

58 - Engineering

X	R	A	M	P	E	N	E	R	H	I	Y	A	U
P	A	X	O	M	A	R	G	A	I	D	H	A	J
Y	D	I	T	I	N	G	O	Q	B	A	D	N	S
Y	N	S	O	A	I	S	K	I	O	P	S	G	L
L	A	L	R	W	K	G	E	A	S	A	J	G	E
L	A	N	C	E	A	U	K	N	L	L	R	U	V
I	P	K	I	L	M	N	S	A	E	K	Y	L	E
K	A	Z	A	U	A	C	R	G	M	T	U	O	R
I	P	C	V	S	B	L	A	A	A	U	P	L	S
D	G	L	N	E	Z	A	E	T	K	P	B	W	A
O	A	T	Q	X	G	L	G	A	G	U	Q	P	Y
F	P	O	S	P	V	I	U	T	J	H	U	T	M
D	I	E	S	E	L	M	P	A	Y	I	F	M	U
O	K	O	N	S	T	R	U	K	S	Y	O	N	W

ANGGULO
AXIS
PAGKALKULA
KONSTRUKSYON
LALIM
DIAGRAM
LAPAD
DIESEL
ENERHIYA
GEARS
LEVERS
LIKIDO
MAKINA
PAGSUKAT
MOTOR
PAGPAPAANDAR
KATATAGAN
LAKAS

59 - Government

H	T	A	D	N	A	P	C	Y	Z	V	O	K	Y
S	A	P	E	A	P	A	Y	A	P	A	M	O	L
N	L	H	M	A	N	N	C	N	R	A	W	N	P
P	A	U	O	Y	A	A	J	J	X	E	O	S	F
U	K	S	K	A	M	N	Y	I	M	R	D	T	D
L	A	T	R	L	U	A	B	A	N	S	A	I	X
I	Y	I	A	A	K	L	A	G	E	L	T	T	L
T	A	S	S	K	U	I	B	A	T	A	S	U	I
I	N	Y	Y	X	H	T	E	N	K	F	E	S	B
K	Z	A	A	A	G	A	J	N	V	L	Q	Y	I
A	V	B	X	F	N	D	J	M	W	O	S	O	S
P	N	G	O	Y	A	T	N	A	B	L	Q	N	J
M	R	X	M	B	P	A	M	B	A	N	S	A	W
K	A	P	A	N	G	Y	A	R	I	H	A	N	J

SIBIL
KONSTITUSYON
DEMOKRASYA
TALAKAYAN
PANGHUKUMAN
HUSTISYA
BATAS
LIDER
LEGAL
KALAYAAN
BANTAYOG
BANSA
PAMBANSA
MAPAYAPA
PULITIKA
KAPANGYARIHAN
PANANALITA
ESTADO

60 - Art Supplies

S	V	Z	K	N	T	L	T	G	D	I	H	J	X
P	X	B	L	L	G	U	V	U	S	P	B	W	A
A	Q	J	T	X	Y	W	A	W	B	O	L	H	S
S	O	N	I	N	K	A	Y	E	D	I	A	G	M
T	C	A	K	M	Z	D	L	L	A	G	G	W	I
E	Q	Y	I	O	J	J	Q	U	A	C	Z	F	B
L	B	A	D	K	W	S	D	A	K	N	Q	V	S
S	V	N	N	C	A	M	E	R	A	A	G	T	E
E	K	A	A	R	U	B	M	A	P	L	G	I	H
O	U	H	P	F	R	J	E	U	E	A	B	M	S
R	L	A	X	Z	W	J	A	P	D	P	R	G	U
C	I	L	Y	R	C	A	S	U	R	I	W	K	R
A	N	A	C	K	C	C	E	A	S	S	W	I	B
A	G	T	F	R	N	J	L	N	P	A	P	E	L

ACRYLIC
BRUSHES
CAMERA
UPUAN
ULING
LUWAD
MGA KULAY
EASEL
PAMBURA
PANDIKIT
MGA IDEYA
INK
LANGIS
PAPEL
PASTELS
LAPIS
TALAHANAYAN
TUBIG

61 - Science Fiction

K	D	D	V	J	M	A	K	A	H	A	K	A	H
B	Y	N	D	I	R	I	A	X	C	J	K	M	F
P	S	M	U	X	P	P	U	P	A	P	A	A	P
N	T	Z	U	F	Q	O	H	I	O	T	L	L	A
N	O	Y	S	A	W	T	I	S	E	Y	A	A	G
B	P	Y	X	F	T	U	J	R	V	O	W	Y	S
C	I	T	S	I	R	U	T	U	F	A	A	O	A
O	A	L	O	U	M	U	N	D	O	T	K	M	B
M	V	H	F	J	L	J	C	E	R	O	A	W	O
Q	N	A	H	E	N	I	S	L	O	M	N	S	G
P	L	A	N	E	T	A	K	C	B	I	J	A	U
E	M	A	H	I	W	A	G	A	O	C	T	C	P
K	E	M	I	K	A	L	E	R	T	D	T	O	M
A	J	A	Y	I	H	O	L	O	N	K	E	T	V

ATOMIC
KEMIKAL
SINEHAN
MALAYO
DYSTOPIA
PAGSABOG
APOY
FUTURISTIC
KALAWAKAN
ILUSYON
HAKA-HAKA
MAHIWAGA
ORACLE
PLANETA
ROBOT
SITWASYON
TEKNOLOHIYA
UTOPIA
MUNDO

62 - Geometry

P	P	M	P	A	G	K	A	L	K	U	L	A	E
P	A	A	E	D	I	M	E	N	S	Y	O	N	T
R	B	R	H	D	U	F	J	S	F	T	D	Y	X
O	R	H	A	A	I	J	M	P	H	K	U	V	D
P	U	P	S	L	L	A	S	U	W	A	X	T	Y
O	K	D	A	U	L	A	N	T	O	C	L	N	R
R	W	U	M	T	O	E	N	A	Y	R	O	E	T
S	A	A	T	N	H	E	L	G	M	J	H	M	E
Y	B	N	U	M	E	R	O	Z	N	H	I	G	M
O	A	L	U	R	G	C	B	S	C	Y	K	E	M
N	B	A	W	H	O	L	U	G	G	N	A	S	Y
I	I	P	C	Y	L	G	V	P	B	C	T	G	S
H	A	A	N	O	I	T	A	U	Q	E	F	I	I
W	P	D	Q	S	B	T	A	T	S	U	L	O	K

ANGGULO
PAGKALKULA
BILOG
KURBA
LAPAD
DIMENSYON
EQUATION
TAAS
PAHALANG
LOHIKA

MASA
MEDIAN
NUMERO
PARALLEL
PROPORSYON
SEGMENT
IBABAW
SYMMETRY
TEORYA
TATSULOK

63 - Creativity

S	T	Q	Y	K	I	N	T	E	N	S	I	T	Y
I	S	N	I	M	A	D	M	A	D	D	D	J	A
G	O	D	I	K	I	L	A	K	G	A	P	R	R
L	R	G	H	X	Y	S	I	D	O	N	K	A	T
A	O	Q	I	V	I	W	N	N	G	V	F	N	I
I	M	P	R	E	S	Y	O	N	A	W	O	A	S
K	U	S	A	N	G	L	O	O	B	W	S	Y	T
J	J	N	O	Y	S	O	M	E	A	Q	A	A	I
I	M	A	H	E	E	O	T	J	B	K	H	N	K
V	E	N	P	U	K	D	F	S	G	N	F	A	O
O	N	O	Y	S	A	N	I	H	A	M	I	S	N
C	I	Y	O	M	A	G	N	A	P	I	S	A	G
D	R	A	M	A	T	I	K	O	G	E	J	K	D
I	N	T	U	W	I	S	Y	O	N	M	Z	J	M

ARTISTIKONG
PAGBABAGO
KALINAWAN
DRAMATIKO
EMOSYON
DAMDAMIN
PAGKALIKIDO
MGA IDEYA
IMAHE
IMAHINASYON
IMPRESYON
INTENSITY
INTUWISYON
PANG-AMOY
KASANAYAN
KUSANG-LOOB
SIGLA

64 - Airplanes

T	K	O	N	S	T	R	U	K	S	Y	O	N	T
N	A	R	I	G	I	L	A	P	A	K	M	Z	V
J	S	A	W	I	Z	J	I	H	R	Q	S	G	T
G	W	S	S	L	G	K	K	W	E	R	C	F	W
N	X	R	A	W	M	A	N	I	L	O	S	A	G
O	H	Y	D	R	O	G	E	N	L	H	D	L	N
L	B	O	F	M	Q	A	W	Q	E	A	I	A	I
U	O	S	L	O	A	P	N	I	P	N	S	N	D
N	U	B	C	J	F	K	T	D	O	G	E	G	N
A	G	H	O	F	Q	X	I	O	R	I	N	I	A
P	A	S	A	H	E	R	O	N	P	N	Y	T	L
P	I	L	O	T	N	A	H	D	A	Q	O	S	S
D	I	R	E	K	S	Y	O	N	G	A	V	W	P
Y	A	L	T	I	T	U	D	E	M	Z	Q	Q	R

HANGIN
ALTITUDE
KAPALIGIRAN
LOBO
KONSTRUKSYON
CREW
PANULONG
DISENYO
DIREKSYON
MAKINA
GASOLINA
TAAS
HYDROGEN
LANDING
PASAHERO
PILOT
MGA PROPELLER
LANGIT

65 - Ocean

N	W	D	B	I	S	Q	M	D	P	B	W	L	S
O	W	O	S	A	C	E	D	I	A	A	D	B	J
L	L	L	E	E	N	Y	U	K	T	L	R	A	I
J	Z	P	D	I	O	G	Z	Y	I	Y	A	G	A
V	H	H	I	E	Y	E	K	A	N	E	J	Y	G
J	F	I	T	T	S	F	Y	A	G	N	I	O	P
Y	K	N	G	A	T	I	G	U	P	A	S	G	A
A	S	I	N	Q	E	A	G	L	A	G	D	N	G
H	L	F	E	E	R	R	R	A	K	W	A	A	O
D	A	M	O	N	G	D	A	G	A	T	T	M	N
F	R	W	U	O	A	P	B	W	N	R	U	I	G
I	O	D	Y	P	U	U	P	D	C	A	N	L	M
O	C	V	B	I	T	A	O	T	D	Y	A	A	K
L	G	A	Q	H	M	D	H	Y	J	T	U	V	U

ALGAE
BANGKA
CORAL
ALIMANGO
DOLPHIN
EEL
ISDA
DIKYA
PUGITA
OYSTER
REEF
ASIN
DAMONG-DAGAT
PATING
HIPON
BAGYO
TIDES
TUNA
PAGONG
BALYENA

66 - Force and Gravity

O	G	B	I	L	I	S	W	J	S	N	L	J	H
U	R	I	C	S	G	O	K	I	N	A	K	E	M
P	A	A	T	Z	R	R	B	P	O	I	T	H	K
A	A	T	S	N	G	B	I	A	Y	R	R	H	T
M	Z	G	W	M	A	I	T	N	S	A	Q	E	T
O	W	P	P	X	U	T	P	G	E	I	B	D	H
M	H	A	N	A	T	I	L	A	R	R	K	U	B
E	E	G	V	K	P	E	Q	K	P	A	Y	T	F
N	P	T	I	I	S	A	K	I	M	A	N	I	D
T	E	U	N	S	L	J	L	T	L	Y	V	N	V
U	K	K	L	I	Y	D	D	A	C	Z	N	G	F
M	T	L	O	P	S	R	H	T	W	A	B	A	A
N	O	A	A	X	I	S	J	J	Z	A	D	M	J
A	Y	S	N	A	T	S	I	D	B	V	K	D	Q

AXIS
GITNA
PAGTUKLAS
DISTANSYA
DINAMIKA
PAGPAPALAWAK
ALITAN
EPEKTO
PANG-AKIT

MAGNITUDE
MEKANIKO
MOMENTUM
ORBIT
PISIKA
PRESYON
ARI-ARIAN
BILIS
ORAS

67 - Birds

K	N	X	P	E	A	C	O	C	K	L	Q	O	U
T	J	F	H	V	L	T	P	I	M	I	O	X	M
S	E	K	M	O	I	O	R	E	V	K	E	R	X
G	O	L	T	I	G	U	B	A	N	A	W	S	O
A	O	R	Y	B	A	C	S	J	D	G	U	I	O
N	D	E	B	U	Q	A	N	J	A	A	U	M	O
S	H	U	W	A	K	N	R	X	M	T	P	I	G
A	C	E	Y	O	Q	O	M	T	A	E	B	W	N
C	I	C	R	K	S	U	A	E	Y	S	X	S	I
N	R	I	A	O	A	N	N	U	A	K	S	N	M
J	T	X	N	T	N	R	O	U	I	U	V	E	A
W	S	H	A	A	I	R	K	H	W	K	R	C	L
Y	O	K	C	P	B	W	D	B	Z	U	E	E	F
G	E	G	U	L	L	P	E	L	I	C	A	N	R

CANARY
MANOK
UWAK
KUKU
PATO
AGILA
ITLOG
FLAMINGO
GANSA
GULL
HERON
OSTRICH
LORO
PEACOCK
PELICAN
PENGUIN
MAYA
TAGAK
SWAN
TOUCAN

68 - Nutrition

K	K	X	M	T	I	M	B	A	N	G	B	S	M
G	A	N	A	A	N	I	T	O	R	P	A	V	A
B	V	H	O	X	L	I	Y	Y	O	W	L	O	P
X	I	Z	X	O	R	U	B	U	B	G	A	P	A
D	D	T	B	N	D	Z	S	Y	A	J	N	V	I
K	I	W	A	G	A	G	M	O	Z	I	S	X	T
A	H	Y	S	M	U	Y	J	W	G	G	E	D	I
L	V	G	E	V	I	S	A	R	S	A	E	D	G
I	N	Z	Q	T	F	N	I	A	K	A	K	A	N
D	Q	M	S	N	A	O	A	K	S	V	M	N	F
A	Y	S	N	A	T	S	U	S	A	M	V	J	X
D	Y	A	E	A	N	A	G	U	S	U	L	A	K
Z	S	E	I	R	O	L	A	C	A	I	W	T	S
D	I	G	E	S	T	I	O	N	L	W	H	G	U

GANA
BALANSE
MAPAIT
CALORIES
DIYETA
DIGESTION
NAKAKAIN
PAGBUBURO
LASA
MGA GAWI
KALUSUGAN
MALUSOG
MASUSTANSYA
PROTINA
KALIDAD
SARSA
LASON
BITAMINA
TIMBANG

69 - Hiking

K	S	O	B	O	T	A	E	Y	L	M	M	G	Q
A	A	L	R	Q	C	A	K	R	O	G	A	G	E
Z	P	M	I	Y	E	K	R	A	P	A	P	C	T
M	M	M	P	G	E	I	X	R	R	H	A	A	J
G	A	A	L	I	A	N	K	A	F	A	U	I	K
A	L	B	Q	B	N	W	T	W	K	Y	Y	A	B
G	A	I	H	U	Q	G	I	A	D	O	G	A	P
A	T	G	B	N	F	I	M	D	S	P	N	V	B
B	Q	A	A	D	N	B	M	H	E	Y	L	L	A
A	N	T	T	O	B	U	U	S	N	D	O	B	A
Y	L	R	O	K	X	T	S	Y	V	I	V	N	X
K	L	I	M	A	D	N	A	H	A	H	G	A	P
M	G	A	P	A	N	G	A	N	I	B	S	J	R
R	K	A	L	I	K	A	S	A	N	F	Y	R	N

MGA HAYOP
BOTA
KAMPING
TALAMPAS
KLIMA
MGA GABAY
MGA PANGANIB
MABIGAT
MAPA
BUNDOK
KALIKASAN
ORYENTASYON
PARKE
PAGHAHANDA
BATO
SUMMIT
ARAW
PAGOD
TUBIG
LIGAW

70 - Professions #1

F	X	K	D	C	M	A	N	A	N	A	Y	A	W
L	N	V	W	O	K	G	N	A	B	U	S	T	A
P	A	O	P	A	R	G	O	T	R	A	K	S	B
P	R	C	W	C	O	F	R	E	E	P	N	I	O
I	S	A	X	H	Y	P	E	R	D	X	X	G	G
O	M	T	T	D	M	E	H	O	X	I	A	O	A
S	A	S	T	R	E	K	A	D	F	M	T	L	D
G	Z	I	A	C	W	B	L	A	D	A	W	O	O
M	A	N	G	A	N	G	A	S	O	R	K	H	R
F	K	A	Y	I	T	J	Q	S	Y	I	F	C	O
W	H	I	J	M	J	B	C	A	R	N	H	Y	T
R	F	P	B	E	P	E	T	B	G	O	O	S	K
M	U	S	I	K	E	R	O	M	G	U	O	P	O
T	U	B	E	R	O	Q	O	A	J	D	E	V	D

AMBASSADOR
ABOGADO
BANGKO
KARTOGRAPO
COACH
MANANAYAW
DOKTOR
EDITOR
MANGANGASO
ALAHERO
MUSIKERO
NARS
PIANISTA
TUBERO
PSYCHOLOGIST
MARINO
SASTRE

71 - Barbecues

V	W	P	R	U	T	A	S	E	M	G	Y	B	K
M	G	A	B	A	T	A	A	O	J	U	O	G	M
O	Y	Q	X	U	R	S	B	R	A	T	T	L	M
C	G	S	X	W	O	N	D	A	S	O	I	J	A
D	K	V	B	H	D	A	Y	L	I	M	A	P	I
P	A	G	K	A	I	N	I	A	N	Y	K	G	N
L	S	X	O	Q	N	U	R	G	T	O	I	U	I
S	R	V	N	D	I	P	A	M	I	Y	S	L	T
Z	A	O	A	T	T	A	G	P	N	L	U	A	Z
R	S	L	M	Q	A	H	V	L	I	I	M	Y	N
D	O	G	A	P	G	Z	N	J	G	S	J	Q	A
U	W	F	T	D	M	Q	A	M	A	T	A	V	I
P	V	W	L	L	S	R	F	N	T	U	G	L	A
N	E	F	N	A	G	I	B	I	A	K	A	G	M

MANOK
MGA BATA
HAPUNAN
PAMILYA
PAGKAIN
MGA TINIDOR
MGA KAIBIGAN
PRUTAS
MGA LARO
IGIL
MAINIT
GUTOM
KUTSILYO
MUSIKA
SALADS
ASIN
SARSA
TAG-INIT
GULAY

72 - Chocolate

W	A	K	A	K	D	D	Z	R	V	L	Y	K	Q
K	S	S	E	H	I	O	L	E	M	A	R	A	K
X	A	K	U	G	R	X	V	C	U	E	B	C	K
O	L	E	H	K	A	C	I	I	G	M	W	A	A
K	M	U	F	I	A	R	G	P	K	H	L	L	L
U	E	C	K	G	H	L	F	E	H	Z	T	O	I
M	I	N	P	O	E	K	S	O	T	I	K	R	D
M	T	W	D	Y	K	U	M	A	I	N	S	I	A
A	M	W	F	I	F	Z	T	V	B	C	L	E	D
T	O	A	R	N	B	Q	W	H	W	A	G	S	B
A	D	A	P	A	R	A	S	A	M	X	T	Q	V
M	J	B	E	A	S	A	N	G	K	A	P	V	M
I	Q	F	Y	M	I	N	A	M	A	R	O	M	A
S	X	W	Q	F	O	T	I	R	O	B	A	P	J

AROMA
MAPAIT
KAKAW
CALORIES
KENDI
KARAMELO
NIYOG
MASARAP
EKSOTIK
PABORITO
SANGKAP
MANI
KALIDAD
RECIPE
ASUKAL
MATAMIS
LASA
KUMAIN

73 - Vegetables

R	W	N	K	G	A	F	M	D	T	S	A	S	P
U	A	E	U	A	E	P	J	G	A	I	R	I	E
K	Y	D	T	S	L	P	M	S	L	B	T	N	R
J	U	D	I	U	N	A	U	I	O	U	I	G	E
O	L	C	L	S	B	S	B	T	N	Y	C	K	H
W	Y	O	U	B	H	A	X	A	G	A	H	A	I
L	E	Q	K	H	G	L	K	M	S	S	O	M	L
F	A	J	O	Y	D	A	G	A	H	A	K	A	Y
H	G	B	R	A	T	D	C	K	V	J	E	S	Y
Q	N	N	B	S	P	I	N	A	C	H	H	Q	L
K	A	R	O	T	B	A	H	A	G	J	W	L	U
H	W	J	O	N	I	P	I	P	O	W	V	W	S
U	A	V	K	I	K	U	L	I	P	L	O	R	Y
V	B	K	Y	K	T	V	D	Y	Y	W	W	J	U

ARTICHOKE
BROKULI
KAROT
KULIPLOR
KINTSAY
PIPINO
TALONG
BAWANG
LUYA
KABUTE
SIBUYAS
PEREHIL
PEA
KALABASA
RADISH
SALAD
BAHAG
SPINACH
KAMATIS
SINGKAMAS

74 - Boats

C	D	U	K	D	E	E	L	W	J	R	I	N	Z
Q	I	K	Q	L	Q	L	B	O	N	I	R	A	M
Z	C	T	A	O	B	E	F	I	L	Y	O	U	B
D	O	C	K	Y	N	G	V	J	D	M	H	T	Y
I	V	H	Y	T	A	G	A	D	U	M	C	I	Y
D	L	W	G	S	T	K	X	L	Y	Y	N	C	Z
S	W	O	F	A	A	L	V	F	O	V	A	A	L
N	O	J	G	M	G	W	J	Z	A	W	A	L	X
K	J	B	T	F	A	R	C	A	N	O	E	U	U
X	E	L	V	E	R	B	A	N	G	K	A	R	D
H	F	Y	H	R	A	M	A	K	I	N	A	M	C
K	Y	A	X	R	K	L	U	B	I	D	H	G	P
N	E	T	A	Y	O	V	J	K	P	K	M	Q	D
U	C	V	O	R	U	A	L	M	Z	Z	L	H	D

ANCHOR
BUOY
CANOE
CREW
DOCK
MAKINA
FERRY
KAYAK
LAWA
LIFEBOAT
MAST
NAUTICAL
KARAGATAN
RAFT
ILOG
LUBID
BANGKA
MARINO
DAGAT
YATE

75 - Activities and Leisure

P	N	A	K	A	K	A	R	E	L	A	K	S	G
P	A	H	D	V	I	R	S	F	O	E	P	G	O
A	S	N	Y	G	T	C	O	K	K	I	A	Z	L
G	U	K	G	O	D	F	C	L	A	O	G	N	F
H	R	N	A	I	S	O	C	L	M	Y	L	N	P
A	F	Y	N	R	N	O	E	A	P	K	A	P	A
H	I	S	E	E	E	G	R	B	I	N	L	A	G
A	N	I	Z	A	F	R	I	E	N	A	A	G	P
R	G	N	I	N	I	S	A	S	G	G	K	L	I
D	N	N	N	Q	S	U	T	A	D	N	B	A	P
I	I	E	I	F	M	F	F	B	Y	A	A	N	I
N	K	T	E	V	M	Y	M	Z	G	B	Y	G	N
L	I	I	G	N	I	S	K	O	B	I	E	O	T
W	H	E	W	I	F	D	T	X	E	L	L	Y	A

SINING
BASEBALL
BOKSING
KAMPING
DIVING
PANGINGISDA
PAGHAHARDIN
GOLF
HIKING
LIBANGAN
PAGPIPINTA
KARERA
NAKAKARELAKS
SOCCER
SURFING
PAGLANGOY
TENNIS
PAGLALAKBAY

76 - Driving

M	O	T	O	R	S	I	K	L	O	M	F	K	A
N	Z	L	T	P	M	O	G	E	N	F	V	A	K
G	A	S	O	L	I	N	A	N	D	O	G	L	S
T	P	I	J	E	H	A	R	U	V	G	S	I	I
X	A	O	R	W	H	A	M	T	N	M	J	G	D
T	M	O	P	T	O	D	P	I	M	C	P	T	E
Z	Q	K	A	Y	S	N	E	S	I	L	X	A	N
R	V	I	M	D	I	E	H	A	R	A	G	S	T
O	J	P	F	G	L	S	D	R	Z	B	H	A	E
T	R	A	K	P	U	T	V	E	N	I	P	N	P
O	X	R	J	X	P	O	J	V	P	L	R	F	J
M	G	T	I	N	E	K	S	I	C	I	E	D	V
P	R	E	N	O	C	T	X	R	F	S	A	G	J
P	A	N	G	A	N	I	B	D	C	P	O	O	I

AKSIDENTE
PRENO
KOTSE
PANGANIB
DRIVER
GASOLINA
GARAHE
GAS
LISENSYA
MAPA
MOTOR
MOTORSIKLO
PEDESTRIAN
PULIS
DAAN
KALIGTASAN
BILIS
TRAPIKO
TRAK
TUNEL

77 - Professions #2

J	S	S	M	D	M	O	P	O	S	O	L	I	P
A	K	I	W	B	U	L	A	D	T	M	H	M	I
H	B	X	R	T	V	T	T	G	I	A	S	B	N
A	I	Q	I	U	J	O	S	B	K	G	K	E	T
R	O	L	N	A	H	M	I	M	T	S	L	N	O
D	L	I	H	N	A	A	T	M	I	A	I	T	R
I	O	B	I	O	F	G	N	A	K	S	T	O	G
N	G	R	N	R	E	A	E	O	P	A	R	R	D
E	I	A	Y	T	T	G	D	R	I	K	A	C	C
R	S	R	E	S	P	G	G	U	L	A	T	F	Q
O	T	I	R	A	N	N	P	G	O	Q	I	E	V
X	V	A	O	O	S	A	K	Q	T	X	S	R	Y
S	F	N	H	O	L	M	U	R	Z	Q	T	D	P
M	A	M	A	M	A	H	A	Y	A	G	A	B	H

ASTRONAUT
BIOLOGIST
DENTISTA
TIKTIK
INHINYERO
MAGSASAKA
HARDINERO
IMBENTOR
MAMAMAHAYAG
LIBRARIAN
DALUBWIKA
PINTOR
PILOSOPO
LITRATISTA
MANGGAGAMOT
PILOT
SIRUHANO
GURO

78 - Mythology

B	W	D	I	Y	O	S	L	Z	U	P	B	J	P
A	A	R	U	T	L	U	K	A	K	W	N	F	A
R	M	Y	X	Z	I	X	S	J	N	U	L	I	G
C	I	G	A	H	B	A	K	S	W	G	A	R	U
H	L	O	L	N	R	W	Y	A	W	S	I	H	U
E	A	L	A	W	I	N	I	N	A	P	W	T	G
T	H	U	T	N	I	L	A	L	A	N	G	A	A
Y	M	K	R	L	A	B	I	R	I	N	T	L	L
P	W	C	O	P	A	G	L	I	K	H	A	D	I
E	C	A	M	G	I	R	I	D	N	A	M	I	S
P	A	G	H	I	H	I	G	A	N	T	I	K	E
A	L	A	M	A	T	S	V	C	W	F	I	H	L
V	H	Y	X	K	A	L	A	M	I	D	A	D	O
H	I	M	O	R	T	A	L	I	D	A	D	V	S

ARCHETYPE
PAG-UUGALI
PANINIWALA
PAGLIKHA
NILALANG
KULTURA
DIYOS
KALAMIDAD
LANGIT
BAYANI
IMORTALIDAD
SELOS
LABIRINT
ALAMAT
KIDLAT
HALIMAW
MORTAL
PAGHIHIGANTI
KULOG
MANDIRIGMA

79 - Hair Types

M	K	U	L	A	Y	F	T	M	K	C	K	Y	A
P	A	B	A	H	A	M	I	A	T	A	Q	J	G
I	Z	L	O	D	W	T	N	K	V	M	L	P	D
L	L	Z	U	Q	C	U	I	I	T	U	P	B	N
A	Z	W	N	S	T	Y	R	N	L	L	Y	U	O
K	P	J	C	I	O	O	I	T	O	L	U	K	L
I	V	S	I	P	L	G	N	A	M	A	K	V	B
Z	T	D	M	I	U	C	T	B	A	P	U	F	N
R	T	I	L	N	K	F	A	Q	I	A	L	W	A
R	S	A	M	A	A	C	S	P	K	K	A	J	T
Z	N	R	B	M	G	A	V	B	L	A	Y	G	Q
R	N	B	L	A	M	V	J	Y	I	M	A	N	Z
M	A	L	A	M	B	O	T	Y	H	U	B	N	G
K	A	Y	U	M	A	N	G	G	I	Z	O	U	N

KALBO
ITIM
BLOND
TINIRINTAS
BRAIDS
KAYUMANGGI
KULAY
MGA KULOT
KULOT
TUYO
KULAY-ABO
MALUSOG
MAHABA
MAKINTAB
MAIKLI
PILAK
MALAMBOT
MAKAPAL
MANIPIS
PUTI

80 - Garden

B	C	U	L	D	T	S	U	G	H	O	H	B	O
E	E	C	E	N	A	R	L	L	K	H	A	A	V
T	C	N	L	O	L	M	A	V	M	R	R	K	O
N	C	K	C	P	A	X	U	M	L	U	D	O	M
J	C	S	V	H	P	N	F	H	P	Z	I	D	K
X	B	P	U	N	O	G	Q	S	A	O	N	S	T
S	A	B	U	G	N	O	N	U	P	N	L	H	K
T	L	H	D	A	M	O	Z	B	W	F	E	I	D
E	K	O	M	O	R	C	H	A	R	D	U	D	N
R	O	S	B	U	L	A	K	L	A	K	Y	M	A
A	N	E	G	Q	D	N	N	Z	K	Q	B	F	Y
S	A	G	A	R	A	H	E	Q	T	U	H	D	U
A	H	M	A	G	S	A	L	I	K	S	I	K	D
K	E	A	M	G	A	D	A	M	O	Y	N	Q	L

BENCH
BUSH
BAKOD
BULAKLAK
GARAHE
HARDIN
DAMO
DUYAN
HOSE
DAMUHAN
ORCHARD
POND
BALKONAHE
MAGSALIKSIK
PALA
TERASA
TRAMPOLIN
PUNO
PUNO NG UBAS
MGA DAMO

81 - Diplomacy

S	E	B	E	S	W	E	U	Q	D	I	K	N	A
I	G	T	F	C	G	M	F	N	I	N	L	O	M
B	A	K	I	T	I	L	U	P	P	T	P	O	B
I	B	I	R	K	G	E	Y	K	L	E	B	S	A
K	P	V	R	D	A	D	R	B	O	G	R	O	S
O	H	U	S	T	I	S	Y	A	M	R	E	L	S
M	A	M	A	M	A	Y	A	N	A	I	S	U	A
E	R	T	P	P	D	S	Y	E	T	D	O	S	D
N	A	Y	A	K	A	L	A	T	I	A	L	Y	O
E	P	C	C	K	H	I	V	V	K	D	U	O	R
H	I	D	W	A	A	N	P	Z	O	R	S	N	N
C	N	K	Q	B	B	M	D	U	N	O	Y	H	U
R	Q	P	M	X	M	T	T	X	G	G	O	E	H
I	U	H	I	R	E	S	I	V	D	A	N	X	X

ADVISER
AMBASSADOR
MAMAMAYAN
SIBIKO
HIDWAAN
DIPLOMATIKONG
TALAKAYAN
EMBAHADA
ETIKA
MAKATAO
INTEGRIDAD
HUSTISYA
PULITIKA
RESOLUSYON
SOLUSYON

82 - Countries #1

E	H	I	P	T	O	V	V	I	E	Q	K	M	B
R	A	Y	N	A	M	E	L	A	F	B	A	O	R
E	F	W	A	G	A	N	P	F	X	I	G	R	A
R	I	O	D	I	N	E	O	T	Y	G	X	O	Z
H	O	D	A	B	T	Z	L	Z	P	O	P	C	I
Y	V	M	N	I	E	U	A	Y	B	I	L	C	L
N	N	Q	A	R	I	E	N	K	U	L	M	O	U
I	O	O	C	N	V	L	D	Q	I	O	N	X	Z
A	S	R	T	Q	I	A	M	A	N	A	P	J	B
H	Q	R	W	T	M	A	I	V	T	A	L	U	C
D	Z	P	A	A	N	I	C	A	R	A	G	U	A
O	X	N	T	E	Y	I	T	A	L	Y	A	Q	H
D	B	V	G	O	L	X	S	E	N	E	G	A	L
F	I	N	L	A	N	D	E	S	P	A	N	Y	A

BRAZIL
CANADA
EHIPTO
FINLAND
ALEMANYA
IRAQ
ISRAEL
ITALYA
LATVIA
LIBYA
MOROCCO
NICARAGUA
NORWAY
PANAMA
POLAND
ROMANIA
SENEGAL
ESPANYA
VENEZUELA
VIETNAM

83 - Adjectives #1

M	M	A	H	A	L	A	G	A	E	M	W	K	A
S	A	T	I	T	O	T	M	W	K	A	B	A	R
T	Y	G	K	S	N	X	Y	Z	S	B	S	A	T
O	A	L	A	L	R	W	S	U	O	A	E	K	I
M	S	E	L	N	E	M	W	I	T	N	R	I	S
M	A	X	A	E	D	F	A	G	I	G	Y	T	T
A	M	P	M	B	O	A	U	B	K	O	O	A	I
D	I	F	A	A	M	O	P	T	A	T	S	K	K
I	K	D	S	G	G	A	N	A	P	G	O	I	O
L	V	B	B	M	B	L	J	G	R	E	A	T	N
I	G	F	O	M	S	I	P	I	N	A	M	L	G
M	D	F	C	W	C	K	G	B	T	A	P	A	T
F	L	O	H	E	R	A	P	A	K	G	A	M	L
P	E	R	P	E	K	T	O	M	Y	S	H	K	Z

GANAP
MABANGO
ARTISTIKONG
KAAKIT-AKIT
MAGANDA
MADILIM
EKSOTIK
MAPAGBIGAY
MASAYA
MABIGAT
TAPAT
MALAKI
MAGKAPAREHO
MODERNO
PERPEKTO
SERYOSO
MABAGAL
MANIPIS
MAHALAGA

84 - Landscapes

L	R	Y	P	C	J	J	D	T	T	U	W	X	W
S	N	A	T	A	G	A	R	A	K	F	G	M	Y
G	R	E	B	E	C	I	G	B	S	W	A	M	P
D	I	S	Y	E	R	T	O	I	I	Z	S	B	T
L	B	E	I	R	W	F	L	N	A	K	L	U	B
D	A	U	Y	O	Q	U	I	G	T	I	P	Q	L
D	G	M	R	F	K	S	K	D	U	S	E	F	A
I	B	D	B	O	Z	I	O	A	N	L	N	G	W
E	E	X	L	A	L	S	Z	G	D	A	I	T	A
D	A	G	A	T	K	A	E	A	R	N	N	A	I
E	I	B	U	N	D	O	K	T	A	H	S	L	M
G	L	A	C	I	E	R	C	G	B	I	U	O	K
R	H	W	E	V	L	L	P	K	R	Z	L	N	T
G	E	Y	S	E	R	E	Q	A	Z	U	A	L	A

TABING-DAGAT
KUWEBA
DISYERTO
GEYSER
GLACIER
BUROL
ICEBERG
ISLA
LAWA
BUNDOK
OASIS
KARAGATAN
PENINSULA
ILOG
DAGAT
SWAMP
TUNDRA
LAMBAK
BULKAN
TALON

85 - Visual Arts

P	P	A	G	P	I	P	I	N	T	A	U	H	H
L	A	H	K	I	L	A	M	A	K	G	A	P	D
U	L	N	K	O	M	P	O	S	I	S	Y	O	N
W	R	Y	A	R	T	S	E	A	M	A	R	B	O
A	H	V	G	N	I	L	U	A	P	F	N	Y	U
D	E	A	Z	N	A	B	A	R	N	I	S	A	N
T	T	A	G	F	D	W	I	L	K	P	M	A	K
L	I	P	E	L	I	K	U	L	A	A	A	R	E
K	A	S	P	A	L	A	Y	O	K	N	D	T	R
J	A	R	A	J	T	R	K	S	J	U	A	I	A
Z	J	A	A	L	A	P	I	S	W	L	L	S	M
P	Z	O	E	W	G	N	U	X	K	A	I	T	I
M	O	M	D	L	A	C	E	D	S	T	K	A	K
W	A	K	S	A	E	N	S	U	Z	K	B	K	A

ARTISTA
KERAMIKA
TISA
ULING
LUWAD
KOMPOSISYON
PAGKAMALIKHA
MADALI
PELIKULA
OBRA MAESTRA
PAGPIPINTA
PANULAT
LAPIS
PANANAW
LARAWAN
PALAYOK
BARNISAN
WAKS

86 - Plants

B	U	Q	I	W	M	J	D	C	I	Q	B	Q	K
F	O	N	N	K	X	B	D	V	M	W	U	W	A
L	L	T	A	G	U	P	G	D	N	L	L	P	G
O	R	N	A	E	B	W	J	M	Z	S	A	U	U
R	P	U	M	N	A	Y	A	W	A	K	K	N	B
A	O	M	U	T	Y	B	K	C	M	P	L	O	A
T	G	N	K	O	L	U	D	O	A	Z	A	Q	T
S	S	O	M	L	W	S	U	F	A	C	K	T	A
T	L	M	H	U	E	H	X	P	B	I	T	H	N
E	G	A	I	L	O	F	V	B	E	V	O	U	I
M	H	D	P	A	T	A	B	A	R	Y	A	P	S
W	C	J	T	T	D	E	N	S	R	Q	A	I	L
C	H	U	H	A	R	D	I	N	Y	A	W	A	K
M	G	A	H	A	L	A	M	A	N	M	L	Y	J

KAWAYAN
BEAN
BERRY
BOTANY
BUSH
CACTUS
PATABA
FLORA
BULAKLAK
FOLIAGE
KAGUBATAN
HARDIN
DAMO
IVY
MOSS
TALULOT
UGAT
STEM
PUNO
MGA HALAMAN

87 - Countries #2

J	W	A	Y	Z	R	S	L	A	P	E	N	S	B
D	T	C	R	M	N	O	P	A	H	X	N	U	I
E	A	L	Y	R	N	M	F	E	O	N	A	D	I
N	K	E	P	A	S	A	C	F	T	S	T	A	R
M	R	B	G	I	H	L	S	M	A	D	S	N	C
A	U	A	E	R	H	I	U	E	I	T	I	A	H
R	S	N	T	E	E	A	W	P	R	H	K	S	M
K	S	O	H	B	U	E	A	U	E	F	A	Y	E
T	I	N	I	I	K	T	C	W	G	D	P	R	X
K	A	T	O	L	R	A	I	E	I	A	H	I	I
H	M	W	P	O	A	W	A	A	N	S	N	A	C
X	G	C	I	T	I	P	M	N	H	N	Q	D	O
D	A	R	A	E	N	D	A	I	N	A	B	L	A
B	Z	K	U	X	E	D	J	K	R	T	C	E	C

ALBANIA
DENMARK
ETHIOPIA
GREECE
HAITI
JAMAICA
HAPON
LAOS
LEBANON
LIBERIA
MEXICO
NEPAL
NIGERIA
PAKISTAN
RUSSIA
SOMALIA
SUDAN
SYRIA
UGANDA
UKRAINE

88 - Adjectives #2

M	M	A	T	I	K	A	S	B	C	E	Q	G	P
A	M	I	O	S	N	D	F	T	A	K	I	S	A
A	D	L	B	E	T	U	Y	O	U	G	C	U	L
L	R	I	I	Z	E	O	P	R	C	N	O	S	A
A	K	W	T	F	F	P	O	E	N	L	T	G	L
T	S	I	K	N	Z	N	L	V	T	I	V	O	O
M	A	L	U	S	O	G	A	I	N	G	E	N	K
P	K	I	D	G	J	G	G	T	V	A	Q	Y	M
C	A	W	O	U	I	D	E	A	U	W	K	K	A
P	L	A	R	T	C	U	R	E	N	R	T	S	I
F	A	K	P	O	M	V	W	R	R	X	A	R	N
K	M	X	D	M	J	E	R	C	G	K	K	L	I
R	E	S	P	O	N	S	A	B	L	E	C	I	T
T	U	N	A	Y	I	L	A	R	A	W	A	N	Z

TUNAY
CREATIVE
ILARAWAN
TUYO
MATIKAS
SIKAT
REGALO
MALUSOG
MAINIT
GUTOM
KAWILI-WILI
NATURAL
BAGO
PRODUKTIBO
PALALO
RESPONSABLE
MAALAT
TUNTOK
MALAKAS
LIGAW

89 - Math

H	X	S	W	G	T	N	E	N	O	P	X	E	P
F	S	Y	E	K	O	L	U	S	T	A	T	V	A
W	M	M	A	K	I	T	E	M	T	I	R	A	R
Q	Q	M	O	L	M	M	N	N	E	A	B	W	I
K	O	E	P	O	L	Y	G	O	N	R	K	E	S
Y	P	T	N	O	I	T	C	A	R	F	O	D	U
M	A	R	G	O	L	E	L	L	A	R	A	P	K
D	B	Y	G	D	I	L	D	P	A	M	R	X	A
U	A	O	C	E	P	T	A	P	C	V	A	C	T
M	H	O	T	S	I	G	A	P	C	R	D	D	Y
F	I	U	J	I	O	D	S	U	A	J	I	X	M
Y	R	T	E	M	O	E	G	B	Q	D	U	W	M
A	A	W	X	A	D	A	M	I	R	E	S	H	R
S	P	Z	O	L	U	G	G	N	A	K	O	O	U

ANGGULO
ARITMETIKA
DESIMAL
LAPAD
EQUATION
EXPONENT
FRACTION
GEOMETRY
NUMERO
PARALLELOGRAM
POLYGON
RADIUS
PARIHABA
PARISUKAT
SYMMETRY
TATSULOK
DAMI

90 - Water

B	R	P	Q	V	W	H	U	C	S	K	S	M	M
D	A	B	A	B	M	F	V	X	I	G	I	O	A
M	O	N	I	I	A	M	B	M	I	O	N	N	M
R	E	S	Y	E	G	H	L	A	W	A	G	S	A
Q	A	N	N	O	L	A	A	F	A	G	A	O	S
G	C	A	T	K	O	W	N	B	B	L	W	O	A
Q	P	T	Y	G	J	Z	A	Y	B	T	G	N	M
Q	L	A	C	K	V	S	K	B	A	G	Y	O	A
P	A	G	T	P	A	G	S	I	N	G	A	W	S
Q	U	A	E	U	D	W	R	H	X	C	P	M	A
L	R	R	Z	E	B	E	Y	I	N	A	L	U	R
K	Z	A	X	P	U	I	E	Y	E	L	O	G	W
Q	W	K	Y	K	V	S	G	O	L	I	N	C	Q
H	A	M	O	G	N	A	N	A	G	Y	Z	K	H

KANAL
MAMASA-MASA
MAIINOM
PAGSINGAW
BAHA
HAMOG NA NAGY
GEYSER
BAGYO
YELO
PATUBIG
LAWA
MONSOON
KARAGATAN
ULAN
ILOG
BANYO
NIYEBE
BABAD
SINGAW
ALON

91 - Activities

A	Q	R	D	P	K	A	S	A	N	A	Y	A	N
Z	A	Z	S	A	K	I	M	A	R	E	K	R	J
S	G	Q	W	N	D	O	R	A	L	A	G	M	A
Q	N	B	X	A	U	I	D	D	K	B	N	P	P
H	I	R	E	N	E	O	B	S	K	D	I	H	A
A	H	P	N	A	H	A	Y	I	S	A	K	O	G
S	A	B	P	H	G	X	F	G	T	Q	I	T	L
W	P	T	C	I	G	A	M	N	X	K	H	O	I
K	A	M	P	I	N	G	A	I	G	L	A	G	L
L	P	A	S	A	B	A	B	G	A	P	W	R	I
X	G	N	I	N	I	S	G	N	W	L	S	A	B
V	A	N	I	D	R	A	H	A	H	G	A	P	A
L	P	H	V	A	W	V	Y	P	F	H	U	H	N
I	N	T	E	R	E	S	T	F	A	R	C	Y	G

AKTIBIDAD
SINING
KAMPING
KERAMIKA
CRAFTS
PANGINGISDA
MGA LARO
PAGHAHARDIN
HIKING
INTERES
PAGLILIBANG
MAGIC
PHOTOGRAPHY
KASIYAHAN
PAGBABASA
PAGPAPAHINGA
PANANAHI
KASANAYAN

92 - Business

P	D	X	Z	P	E	M	P	L	O	Y	E	R	F
K	A	U	W	N	A	J	T	A	T	V	I	E	P
A	P	N	Z	V	V	B	U	H	N	J	X	E	A
R	A	O	A	T	V	K	R	M	E	T	M	K	M
E	G	P	K	N	K	Q	S	I	W	U	B	O	U
R	B	I	U	O	A	V	S	F	K	P	B	N	M
A	E	S	M	T	T	L	C	D	S	A	A	O	U
N	B	I	P	V	I	T	A	P	I	I	D	M	H
G	E	N	A	G	K	N	P	P	D	K	Y	I	U
G	N	A	N	S	N	B	D	R	I	I	E	K	N
R	T	Q	Y	K	Q	C	N	A	V	Y	T	S	A
R	A	F	A	S	G	M	D	R	H	C	G	Z	N
G	A	S	T	O	S	X	Y	E	F	A	A	L	R
Z	S	O	D	A	Y	E	L	P	M	E	N	H	Y

BADYET
KARERA
KUMPANYA
GASTOS
PERA
DISKWENTO
EKONOMIKS
EMPLEYADO
EMPLOYER
PABRIKA
PANANALAPI
PAMUMUHUNAN
OPISINA
KITA
PAGBEBENTA
TINDAHAN
BUWIS

93 - The Company

G	P	R	P	R	O	P	E	S	Y	O	N	A	L
L	O	W	E	V	I	T	A	E	R	C	J	X	H
F	S	F	Z	P	P	R	O	D	U	K	T	O	G
T	I	N	A	N	U	H	U	M	U	M	A	P	G
R	B	N	G	S	R	T	I	N	U	Y	A	G	M
A	I	L	A	H	G	N	A	T	A	T	G	A	P
B	L	Y	V	T	N	O	Y	S	I	S	E	D	P
A	I	S	A	H	O	D	Q	D	Y	O	T	O	A
H	D	A	D	I	L	A	K	X	Q	O	H	S	G
O	A	N	E	G	O	S	Y	O	M	M	N	U	U
D	D	M	A	K	A	B	A	G	O	N	G	A	N
P	A	N	D	A	I	G	D	I	G	A	N	G	L
M	G	A	P	A	N	G	A	N	I	B	L	M	A
J	V	K	I	T	A	G	G	I	B	L	X	O	D

NEGOSYO
CREATIVE
DESISYON
TRABAHO
PANDAIGDIGANG
MAKABAGONG
PAMUMUHUNAN
POSIBILIDAD
PAGTATANGHAL
PRODUKTO
PROPESYONAL
PAG-UNLAD
KALIDAD
REPUTASYON
KITA
MGA PANGANIB
MGA USO
MGA YUNIT
SAHOD

94 - Literature

T	A	L	I	N	G	H	A	G	A	P	T	S	T
P	A	G	S	U	S	U	R	I	L	A	A	G	V
A	N	E	K	D	O	T	A	R	U	G	L	D	Z
A	D	K	A	Y	A	M	L	U	T	K	A	G	X
N	V	Y	K	C	X	O	T	C	A	A	M	E	T
D	U	M	I	K	W	P	I	I	P	K	B	D	T
Z	Q	H	T	A	N	I	M	R	R	A	U	I	R
E	S	T	I	L	O	N	F	C	G	T	H	A	A
G	E	K	R	E	I	Y	M	X	C	U	A	L	H
P	O	C	K	B	T	O	D	U	H	L	Y	O	E
B	A	J	O	O	C	N	U	J	Z	A	P	G	D
Q	R	I	D	N	I	Q	J	S	X	D	L	U	Y
Q	E	I	P	A	F	T	U	L	A	F	Q	E	A
K	O	N	K	L	U	S	Y	O	N	U	N	Y	E

PAGKAKATULAD
PAGSUSURI
ANEKDOTA
MAY-AKDA
TALAMBUHAY
KONKLUSYON
KRITIKA
DIALOGUE
FICTION
TALINGHAGA
NOBELA
OPINYON
TULA
PATULA
RITMO
ESTILO
TEMA
TRAHEDYA

95 - Geography

X	I	C	J	D	R	G	T	H	Y	T	B	L	L
A	L	S	I	Q	A	E	Q	R	O	I	U	A	U
A	O	L	S	K	T	G	H	E	G	M	N	T	N
K	G	C	R	M	V	N	A	I	T	O	D	I	G
S	A	L	T	A	P	A	M	T	Y	G	O	T	S
M	G	N	A	I	D	I	R	E	M	O	K	U	O
U	A	Z	L	C	T	D	U	P	C	C	N	D	D
N	L	E	D	U	T	I	T	L	A	X	K	E	L
D	I	H	O	Y	R	O	T	I	R	E	T	N	H
O	H	G	N	A	T	A	G	A	R	A	K	J	B
C	R	B	E	T	N	E	N	I	T	N	O	K	A
Y	X	Y	A	R	L	Q	H	J	K	G	Z	A	N
I	X	F	W	W	G	I	W	Q	D	I	W	X	S
H	E	M	I	S	P	H	E	R	E	N	U	L	A

ALTITUDE
ATLAS
LUNGSOD
KONTINENTE
BANSA
HEMISPHERE
ISLA
LATITUDE
MAPA
MERIDIAN
BUNDOK
HILAGA
KARAGATAN
REHIYON
ILOG
DAGAT
TIMOG
TERITORYO
KANLURAN
MUNDO

96 - Pets

H	B	B	K	N	M	Z	T	C	C	M	X	E	M
A	E	M	U	W	P	V	U	L	U	G	G	Y	R
M	T	O	P	N	E	C	T	A	H	N	I	G	N
S	E	X	W	H	T	L	A	W	A	G	P	J	V
T	R	F	L	N	E	O	Y	S	V	U	U	O	O
E	I	B	B	Y	A	M	T	O	S	A	S	N	G
R	N	U	B	R	K	U	N	E	H	O	A	M	N
V	A	I	J	L	A	F	I	I	S	L	O	R	O
S	R	G	N	I	B	M	A	K	A	U	D	V	G
F	I	N	T	A	L	I	K	I	Y	W	O	B	A
E	A	I	I	S	D	A	G	T	V	M	E	M	P
G	N	T	I	A	J	H	A	U	T	U	B	I	G
W	A	U	Y	N	Y	H	P	B	V	K	S	O	D
C	I	K	M	A	D	J	I	N	D	J	P	I	K

PUSA
CLAWS
KWELYO
BAKA
ASO
ISDA
PAGKAIN
KAMBING
HAMSTER
KUTING
TALI
BUTIKI
MOUSE
LORO
TUTA
KUNEHO
BUNTOT
PAGONG
BETERINARIAN
TUBIG

97 - Jazz

O	X	C	M	P	K	G	T	A	K	I	S	Y	R
K	G	Z	U	A	S	M	U	R	D	S	G	Q	O
V	P	F	M	L	L	G	T	T	M	A	W	I	T
B	A	D	N	A	T	A	M	I	A	K	D	F	I
E	A	A	W	K	A	P	J	S	R	G	I	I	S
S	J	G	R	P	S	P	J	T	T	I	I	A	O
T	H	M	O	A	Z	M	S	A	S	B	N	L	P
I	A	A	G	K	T	C	R	R	E	G	Q	B	M
L	E	N	B	A	W	E	R	G	K	A	G	U	O
O	P	O	T	N	E	L	A	T	R	P	D	M	K
K	O	M	P	O	S	I	S	Y	O	N	X	V	D
H	E	T	M	G	A	P	A	B	O	R	I	T	O
R	K	I	M	U	S	I	K	A	X	P	F	G	D
O	T	R	E	Y	I	S	N	O	K	Y	C	P	O

ALBUM
PALAKPAKAN
ARTISTA
KOMPOSITOR
KOMPOSISYON
KONSIYERTO
DRUMS
DIIN
SIKAT
MGA PABORITO
PAGBIGKAS
MUSIKA
BAGO
MATANDA
ORKESTRA
RITMO
AWIT
ESTILO
TALENTO

98 - Nature

S	X	L	U	P	K	T	E	F	Y	D	F	V	B
V	S	I	R	A	A	R	G	O	M	A	H	K	U
P	O	G	V	G	G	O	M	L	A	M	C	F	N
D	T	A	G	G	U	P	A	I	U	L	A	P	D
S	R	W	L	U	B	I	P	A	W	V	M	P	O
Q	E	F	M	H	A	K	A	G	C	R	G	D	K
G	Y	R	X	O	T	A	Y	E	L	Q	A	I	N
D	S	U	E	X	A	L	A	A	S	G	H	N	I
Z	I	L	K	N	N	Q	P	F	Q	L	A	A	L
P	D	E	U	N	E	S	A	Q	S	A	Y	M	O
M	G	A	B	U	B	U	Y	O	G	C	O	I	G
O	U	M	A	H	A	L	A	G	A	I	P	K	Z
K	A	G	A	N	D	A	H	A	N	E	X	A	K
A	R	T	I	K	O	C	C	K	Q	R	A	E	F

MGA HAYOP
ARTIKO
KAGANDAHAN
MGA BUBUYOG
ULAP
DISYERTO
DINAMIKA
PAGGUHO
HAMOG
FOLIAGE
KAGUBATAN
GLACIER
BUNDOK
MAPAYAPA
ILOG
SERENE
TROPIKAL
MAHALAGA
LIGAW

99 - Vacation #2

P	W	O	W	T	D	M	W	O	D	A	R	L	Q
H	A	D	I	R	W	A	A	N	A	T	E	C	T
O	L	S	X	E	S	B	G	P	B	O	S	C	A
T	S	J	A	N	I	U	A	A	A	L	T	D	B
E	I	W	T	P	L	X	D	B	T	D	A	A	I
L	T	W	O	K	O	D	N	U	B	A	W	Y	N
N	O	Y	S	A	B	R	E	S	E	R	R	U	G
K	A	M	P	I	N	G	T	Z	Y	D	A	H	D
J	F	M	U	P	Y	B	D	E	R	J	N	A	A
P	A	T	U	T	U	N	G	U	H	A	N	N	G
U	E	P	A	L	I	P	A	R	A	N	K	B	A
P	A	G	L	I	L	I	B	A	N	G	Q	K	T
H	O	L	I	D	A	Y	V	I	S	A	A	S	S
C	O	O	P	A	G	L	A	L	A	K	B	A	Y

PALIPARAN
TABING-DAGAT
KAMPING
PATUTUNGUHAN
DAYUHAN
HOLIDAY
HOTEL
ISLA
PAGLALAKBAY
PAGLILIBANG
MAPA
BUNDOK
PASAPORTE
RESERBASYON
RESTAWRAN
DAGAT
TAXI
TOLDA
TREN
VISA

100 - Electricity

E	S	K	N	K	A	G	A	M	I	T	A	N	T
L	G	U	D	E	B	A	T	E	R	Y	A	F	R
E	E	R	W	A	G	I	Y	R	K	A	B	L	E
C	N	Y	C	V	M	A	M	A	G	N	E	T	S
T	E	E	M	U	Y	I	T	Q	E	C	T	L	A
R	R	N	I	G	S	E	R	I	W	P	E	A	L
I	A	T	M	S	A	O	X	H	B	X	L	M	B
C	T	E	B	O	N	B	F	B	Z	O	E	P	O
I	O	F	A	C	Y	I	A	U	Q	B	B	A	M
A	R	B	K	K	T	T	R	G	P	X	I	R	B
N	Q	A	A	E	B	I	J	Z	A	I	S	A	I
U	E	I	N	T	X	S	Y	L	S	Y	Y	T	L
F	R	L	V	K	R	O	W	T	E	N	O	S	Y
N	B	P	O	N	O	P	E	L	E	T	N	U	A

BATERYA
BOMBILYA
KABLE
KURYENTE
ELECTRICIAN
KAGAMITAN
GENERATOR
LAMPARA
LASER
MAGNET
NEGATIBO
NETWORK
MGA BAGAY
POSITIBO
DAMI
SOCKET
IMBAKAN
TELEPONO
TELEBISYON
WIRES

1 - Antiques

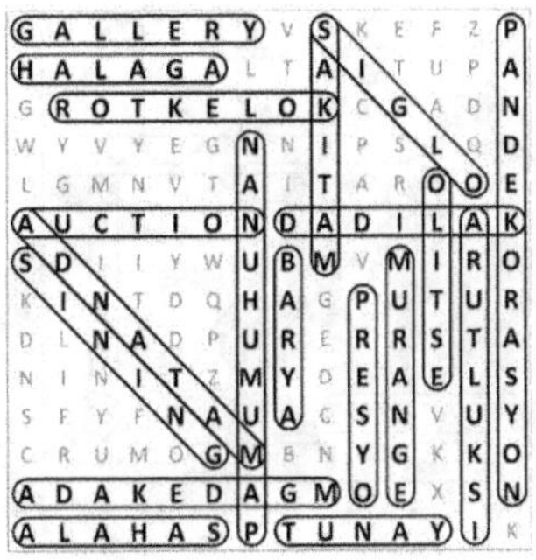

2 - Food #1

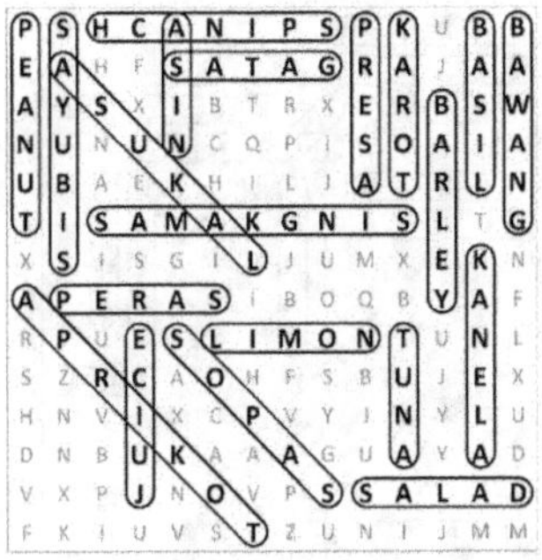

3 - Measurements

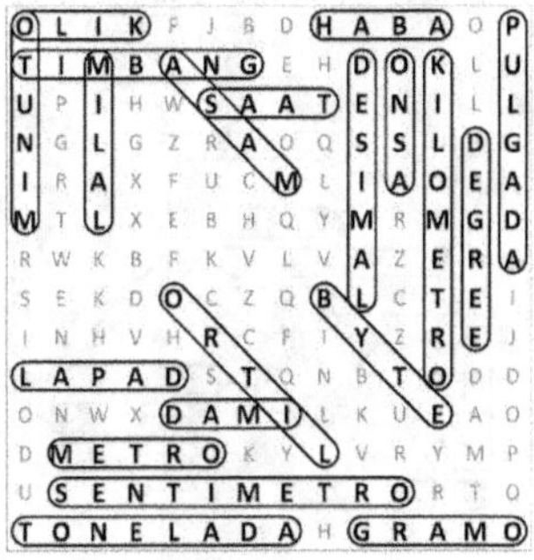

4 - Farm #2

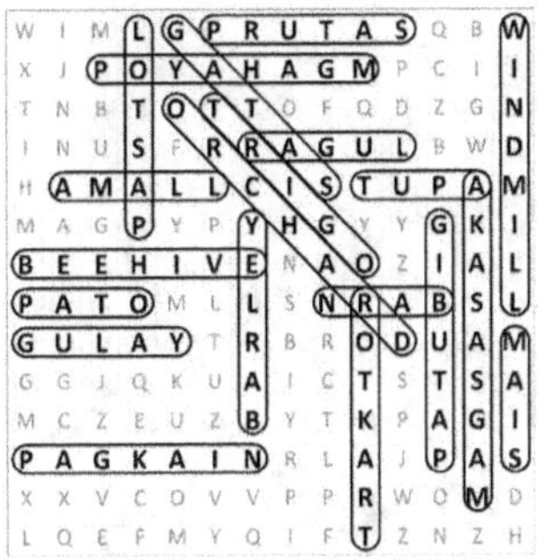

5 - Books

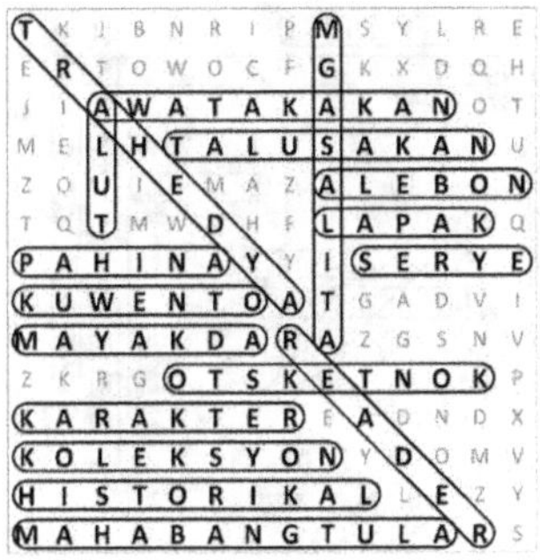

6 - Meditation

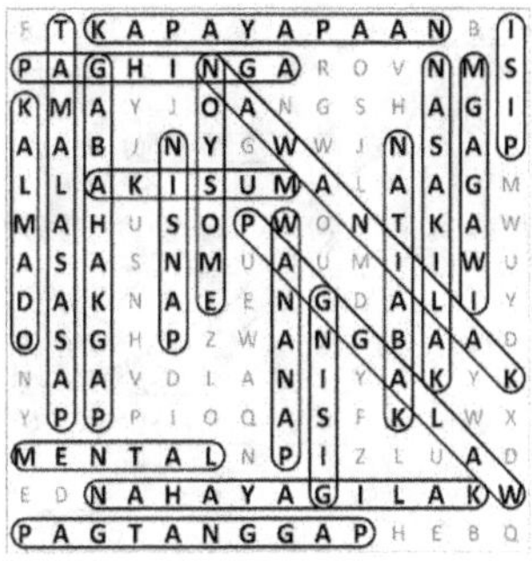

7 - Days and Months

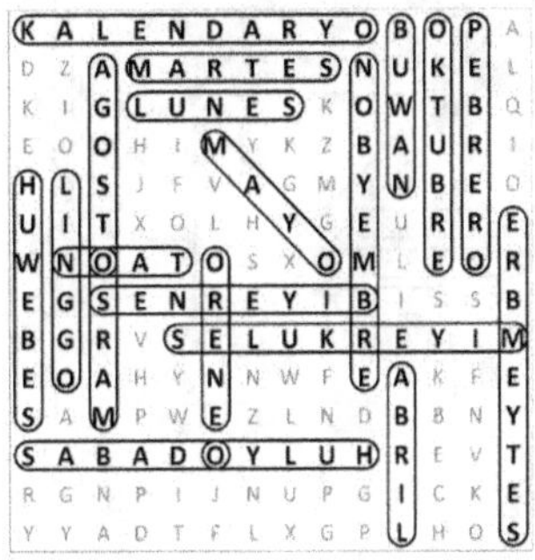

8 - Energy

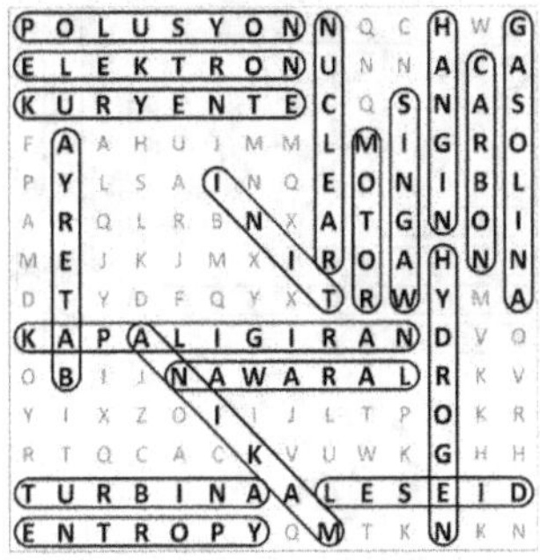

9 - Archeology

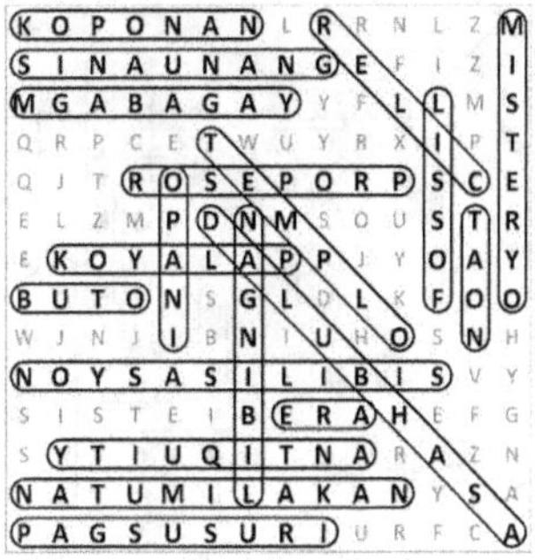

10 - Food #2

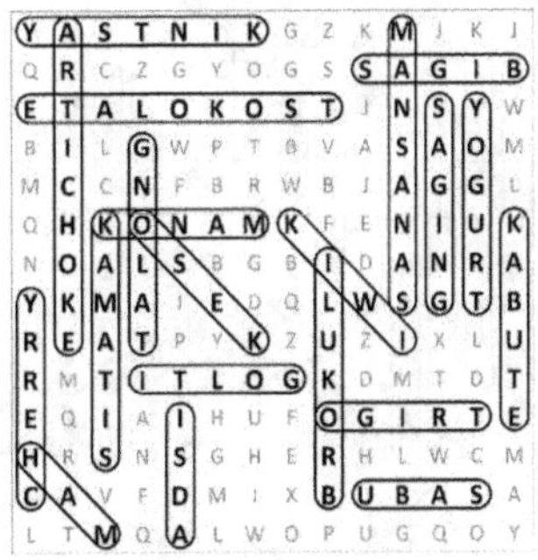

11 - Chemistry

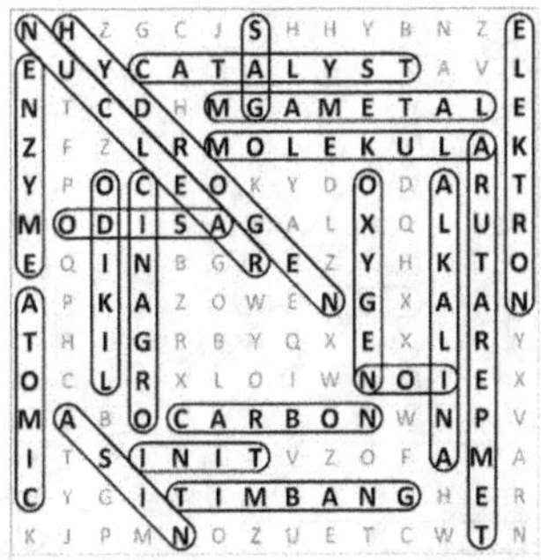

12 - Music

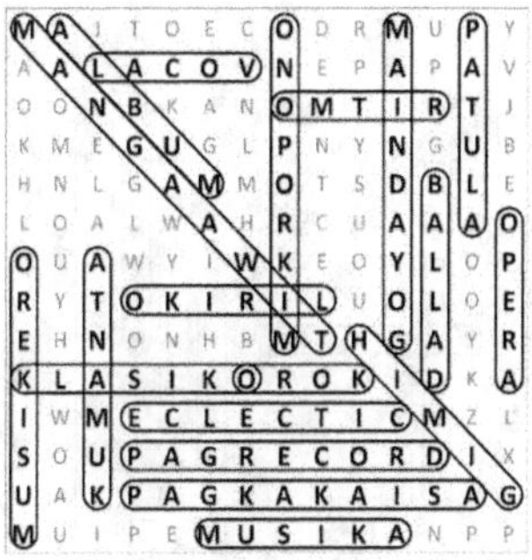

13 - Farm #1

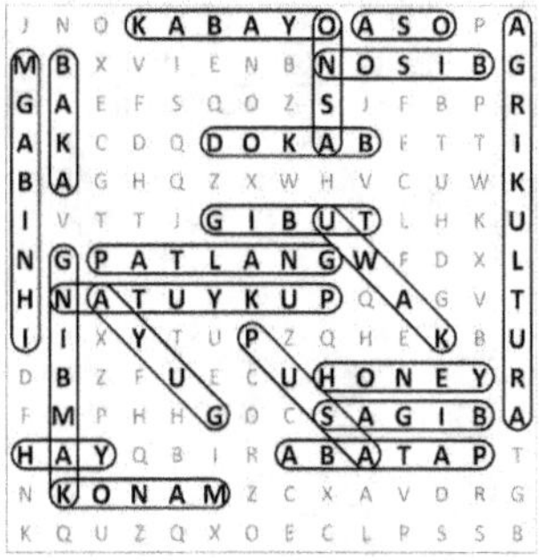

14 - Camping

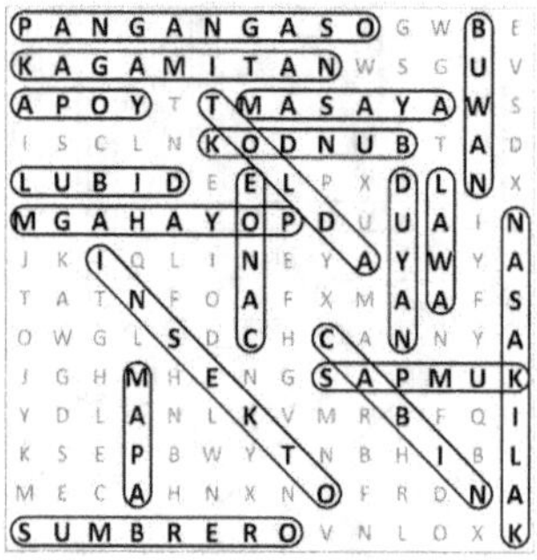

15 - Algebra

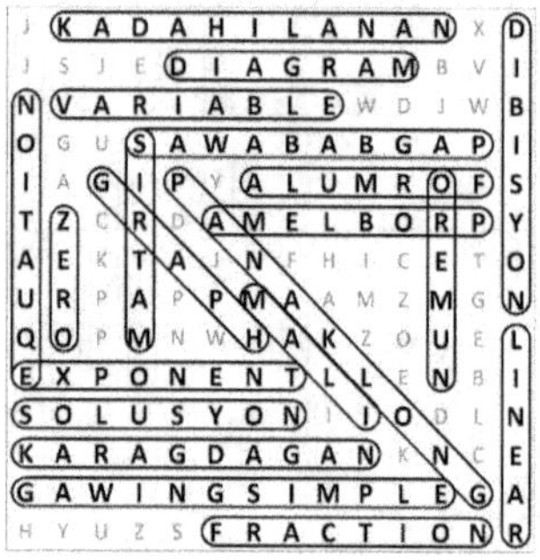

16 - Numbers

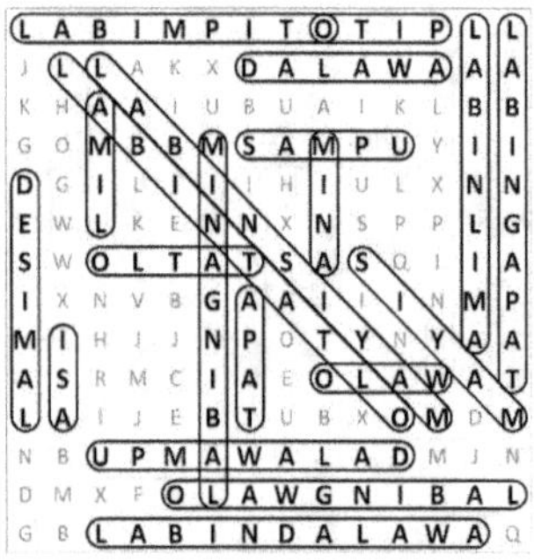

17 - Spices

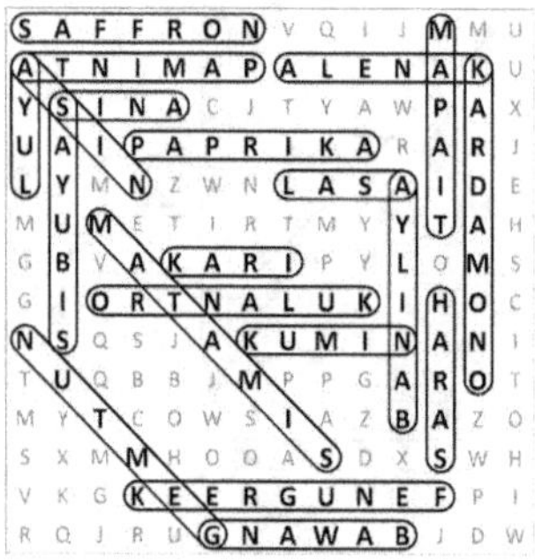

18 - Universe

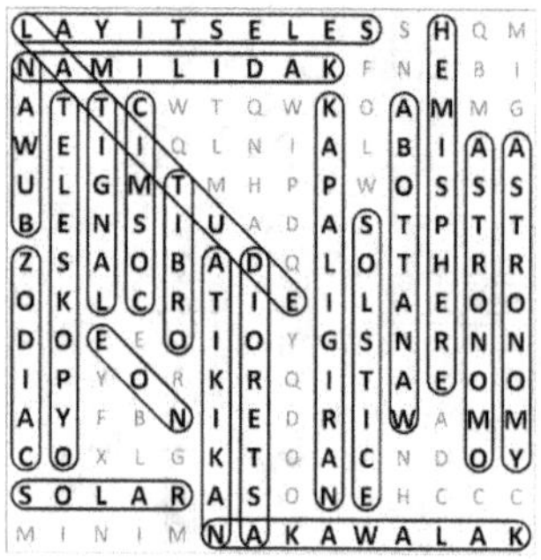

19 - Mammals

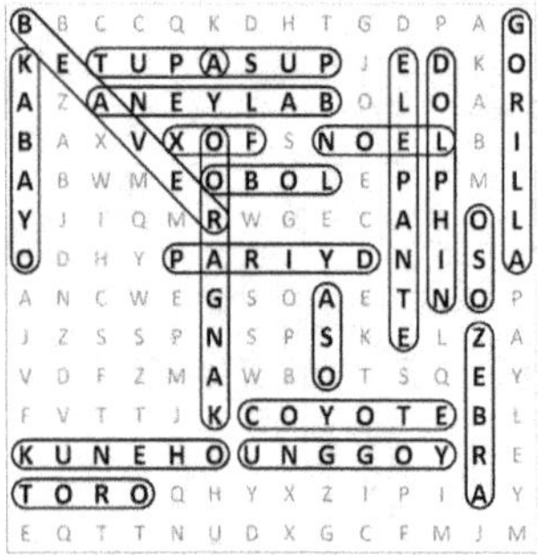

20 - Fishing

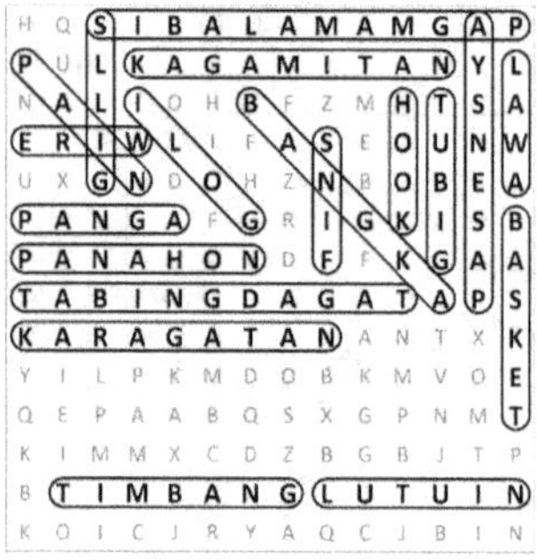

21 - Restaurant #1

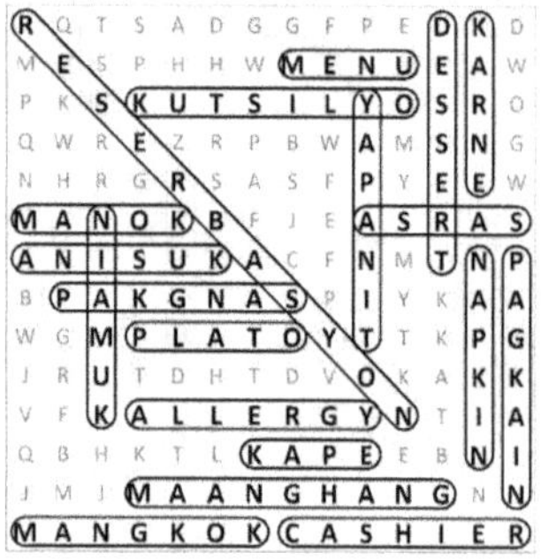

22 - Bees

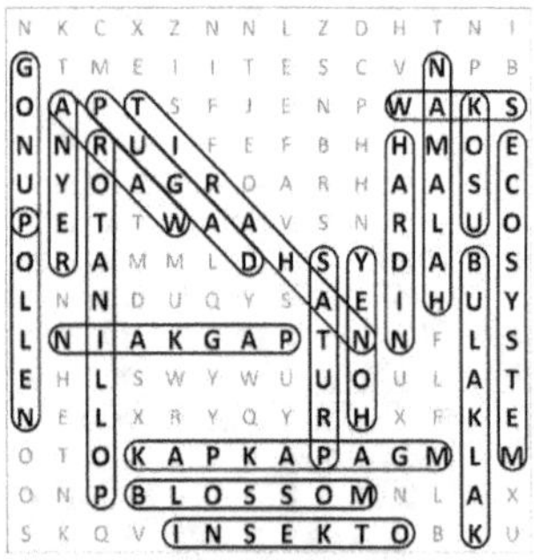

23 - Photography

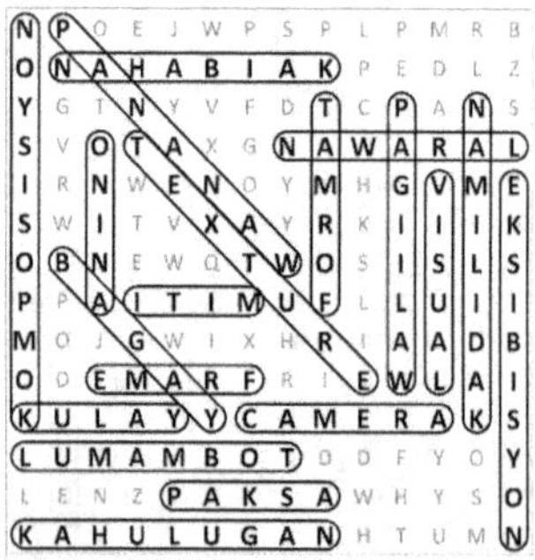

24 - Weather

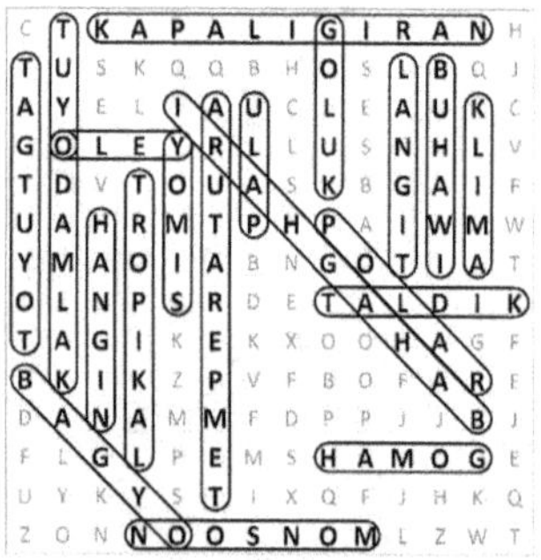

25 - Adventure

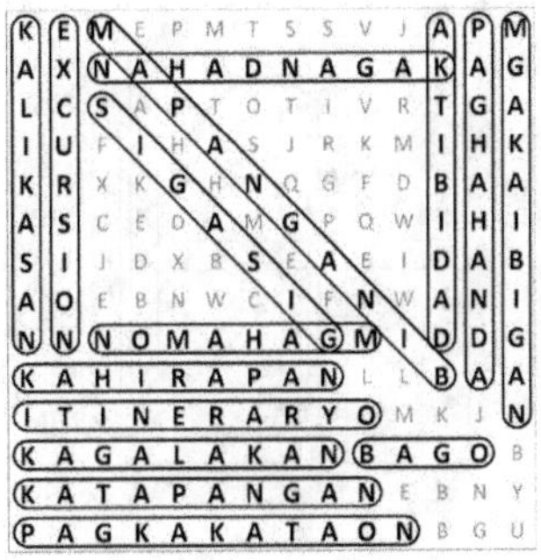

26 - Circus

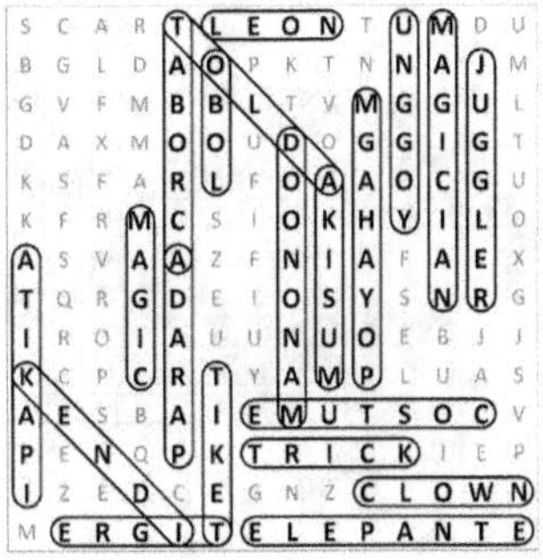

27 - Restaurant #2

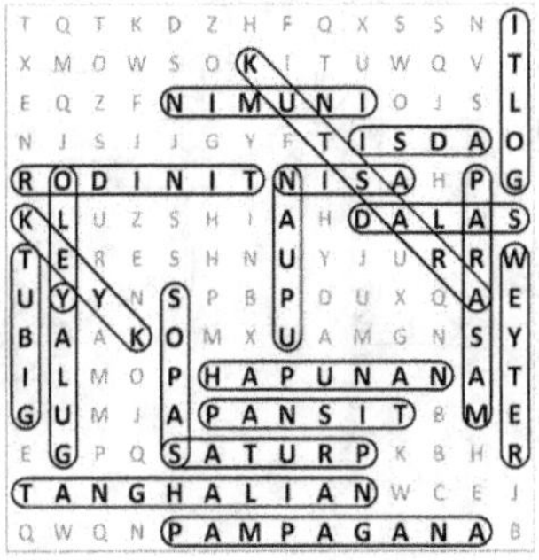

28 - Geology

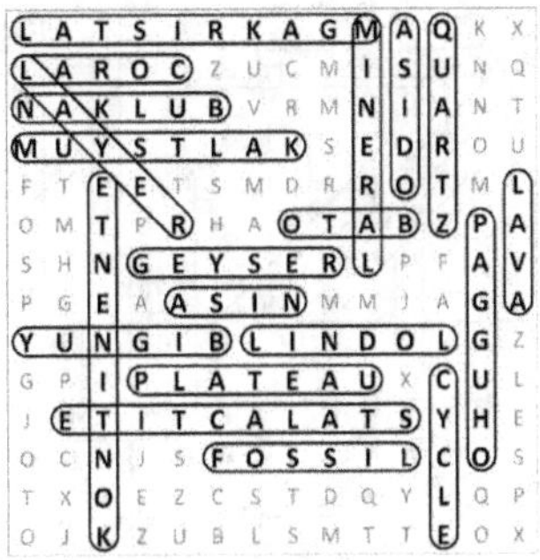

29 - House

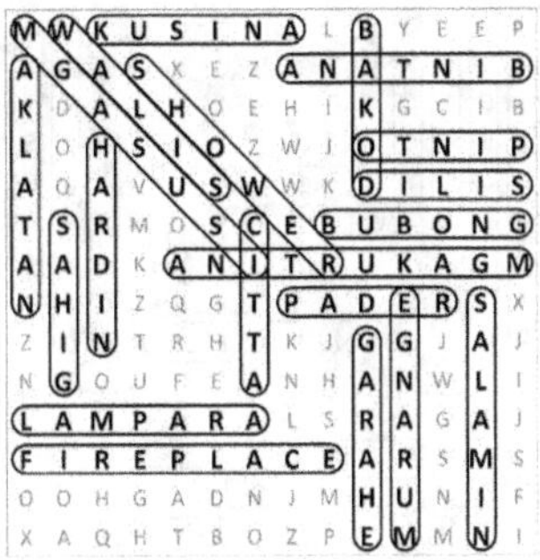

30 - Physics

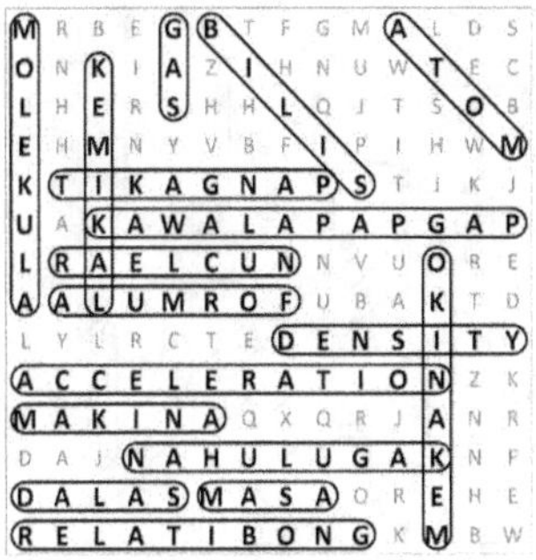

31 - Dance

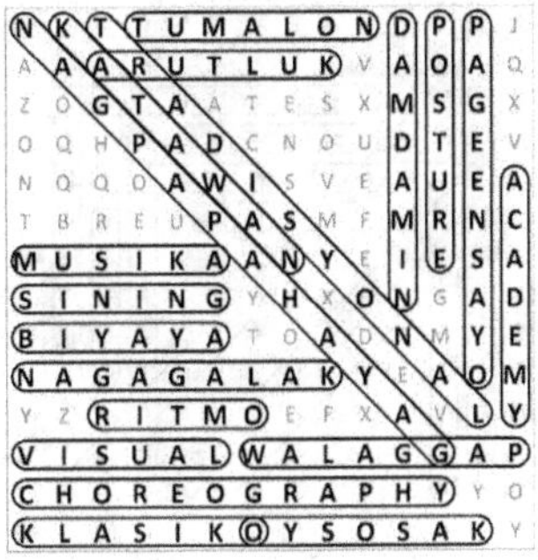

32 - Colors

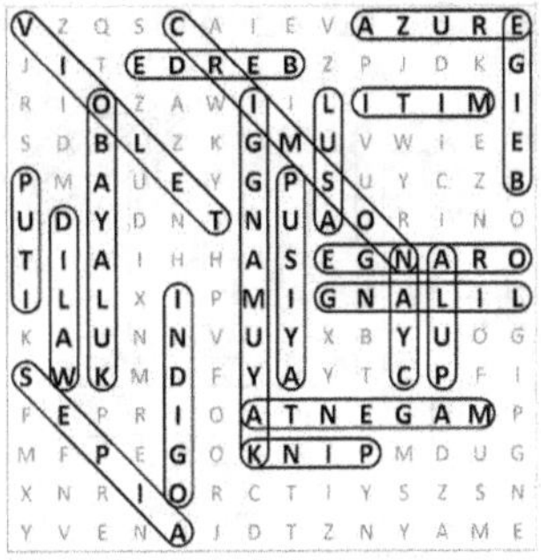

33 - Climbing

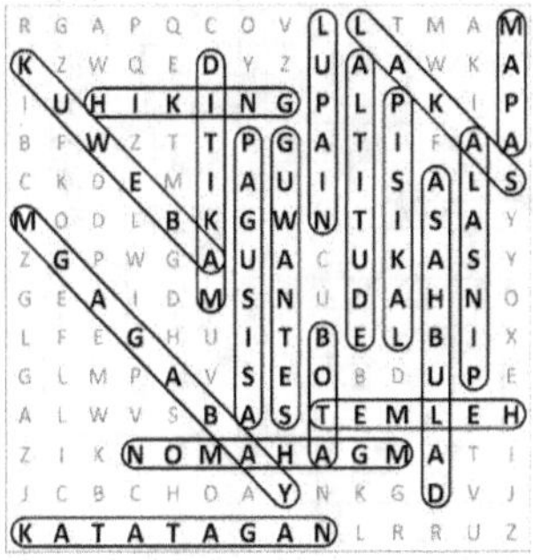

34 - Scientific Disciplines

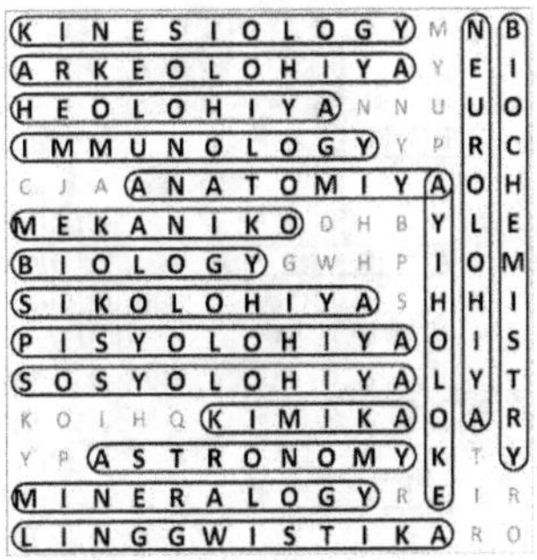

35 - Science

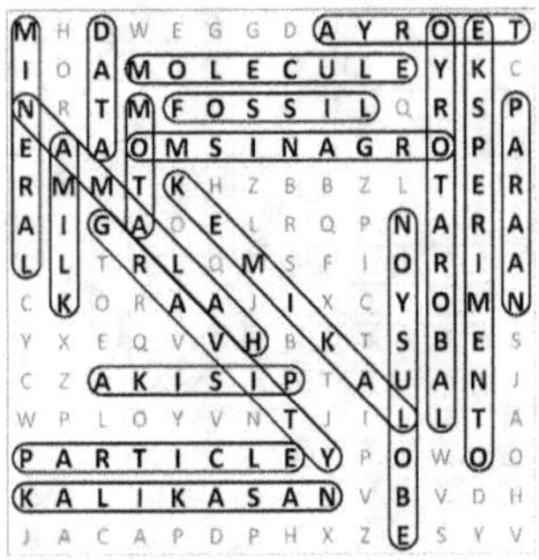

36 - Beauty

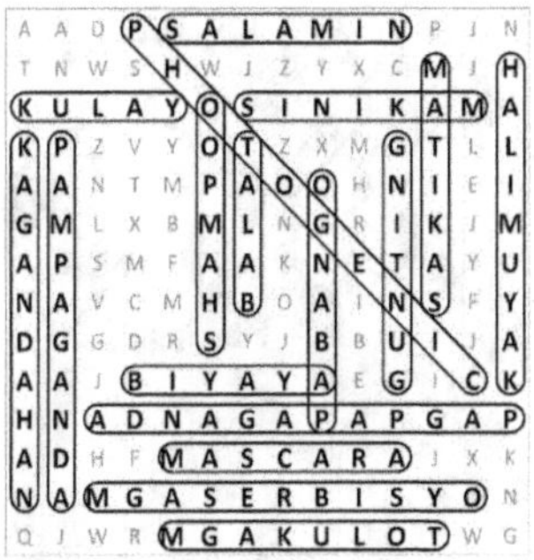

37 - To Fill

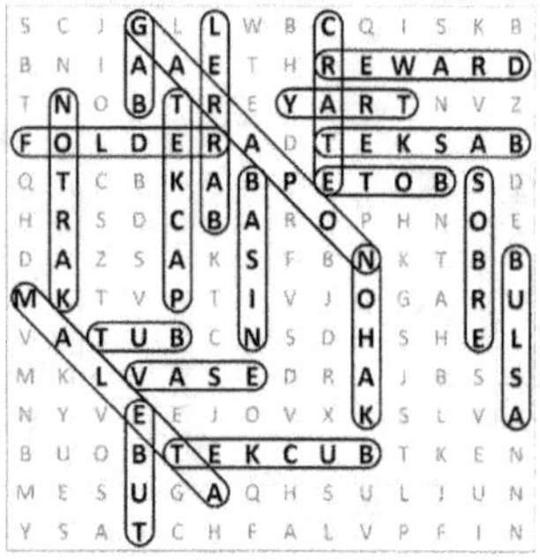

38 - Clothes

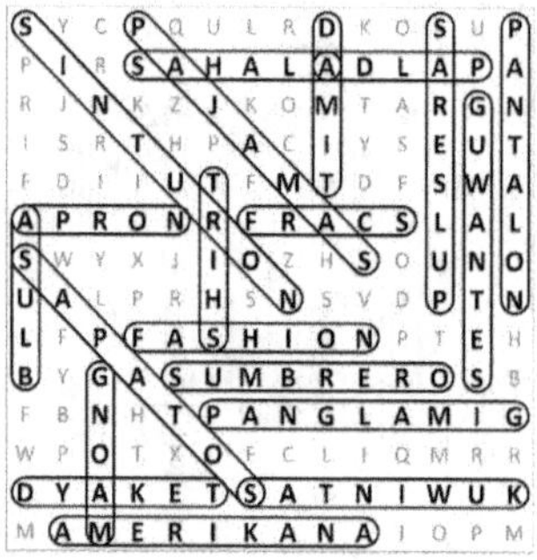

39 - Ethics

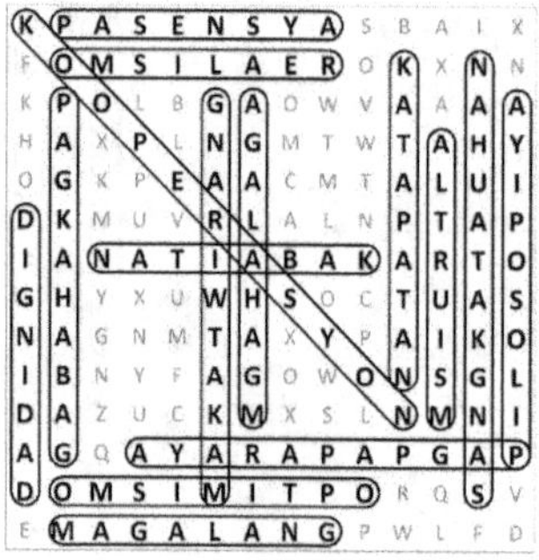

40 - Insects

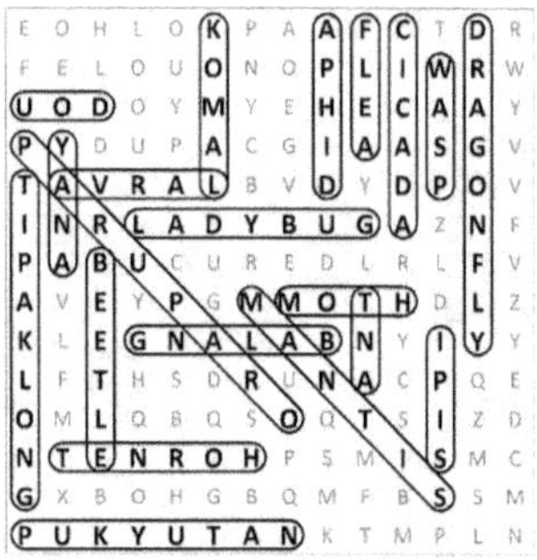

41 - Astronomy

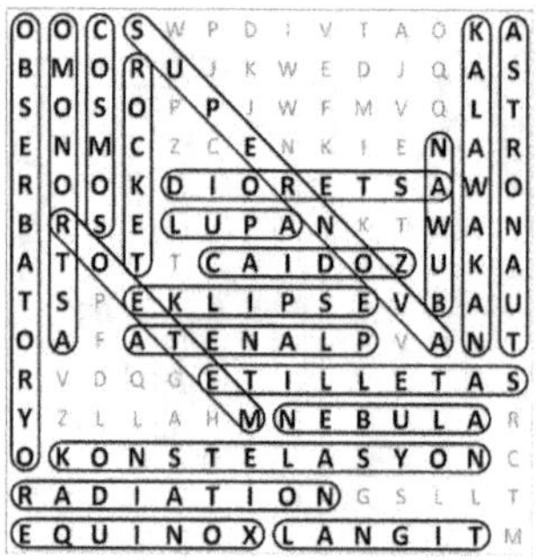

42 - Health and Wellness #2

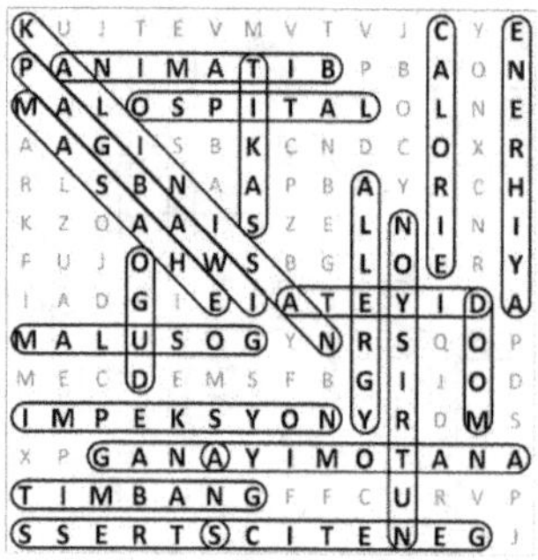

43 - Time

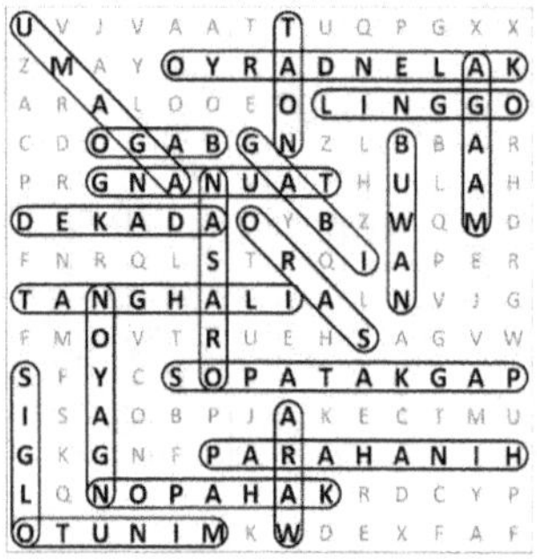

44 - Buildings

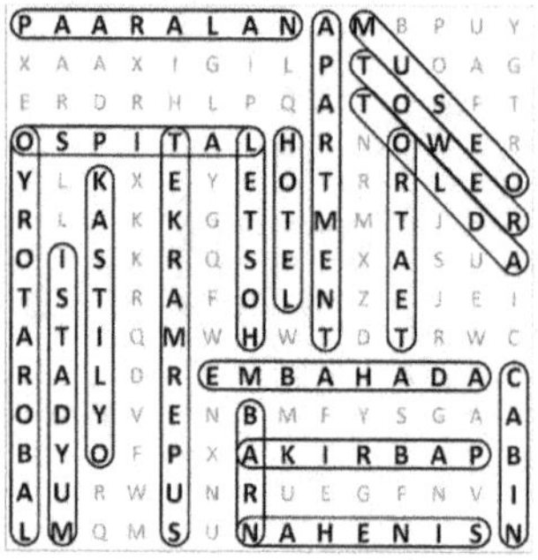

45 - Philanthropy

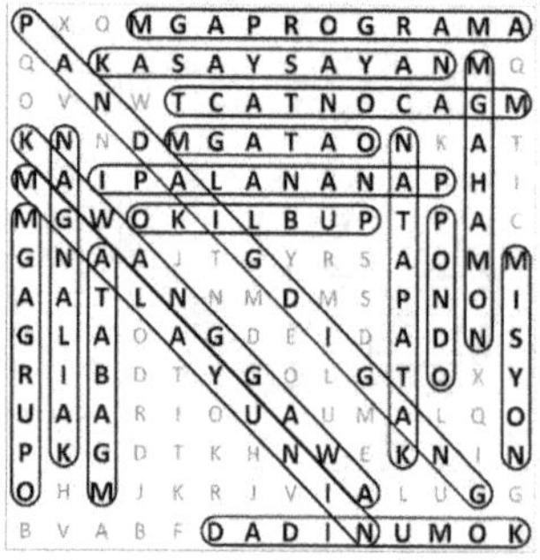

46 - Gardening

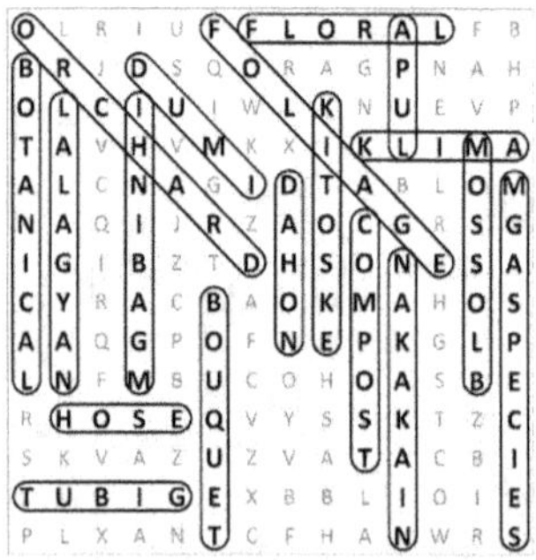

47 - Herbalism

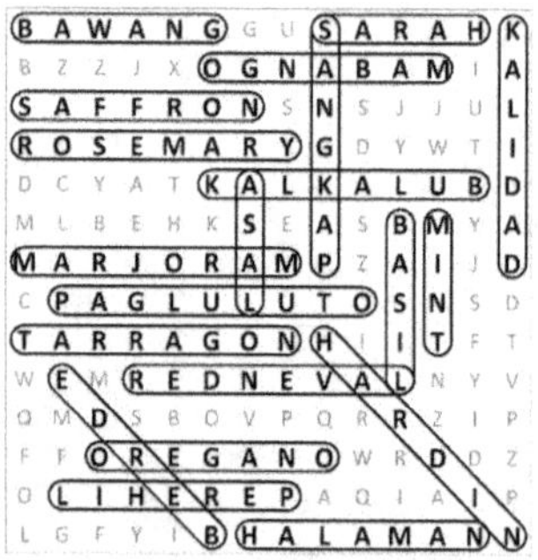

48 - Vehicles

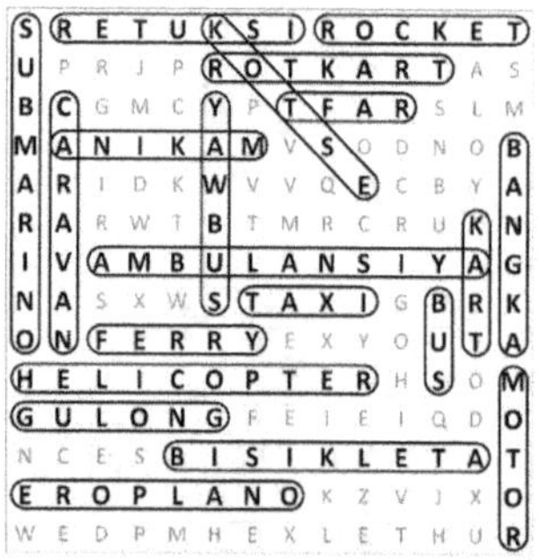

49 - Flowers

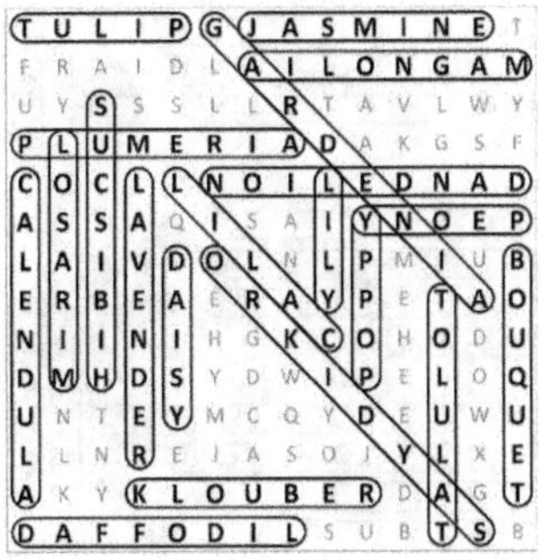

50 - Health and Wellness #1

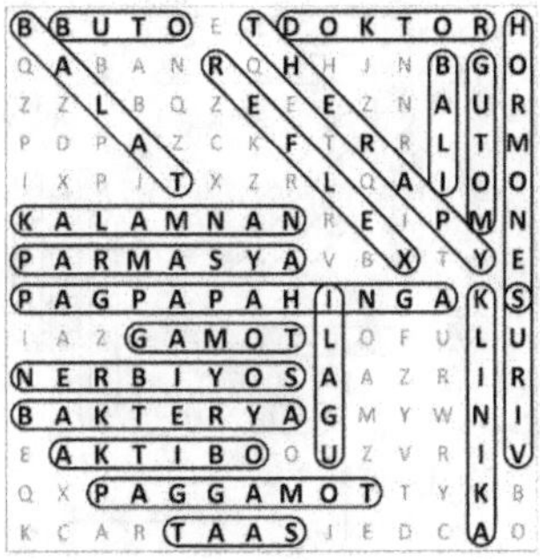

51 - Town

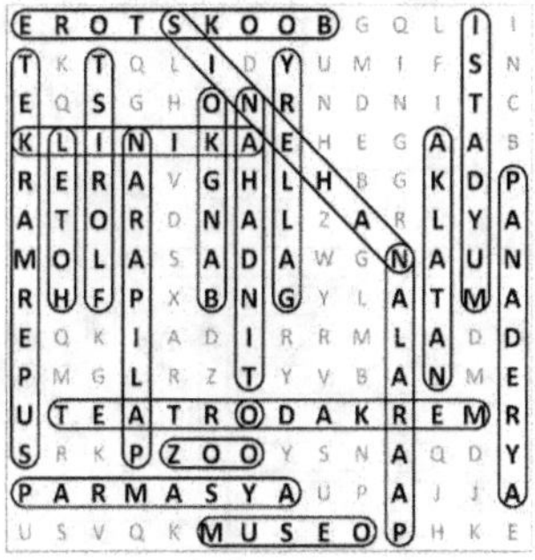

52 - Antarctica

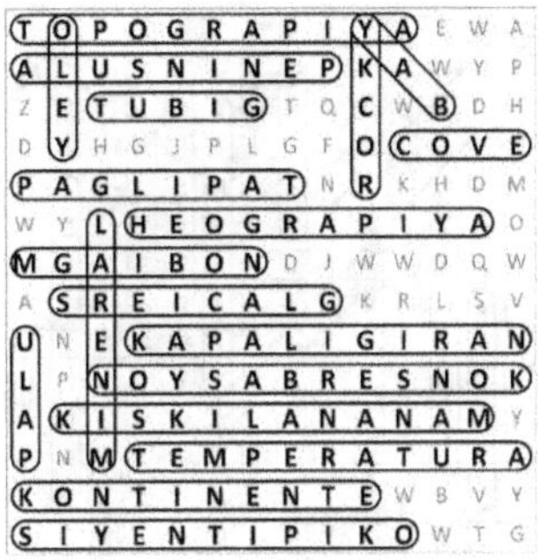

53 - Ballet

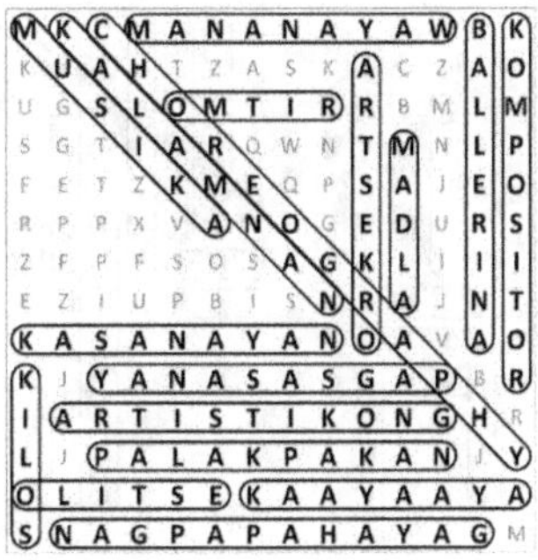

54 - Fashion

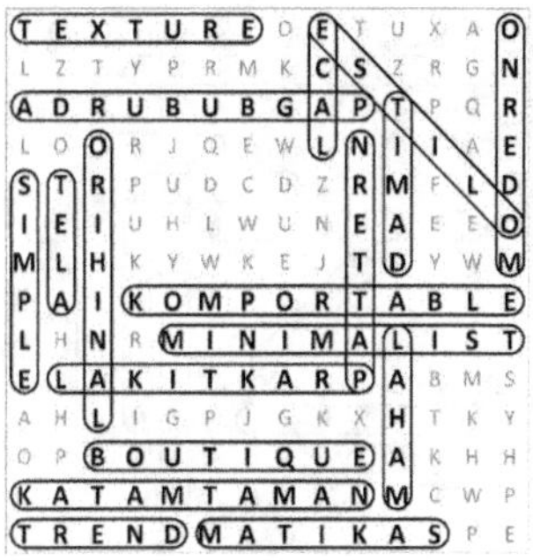

55 - Human Body

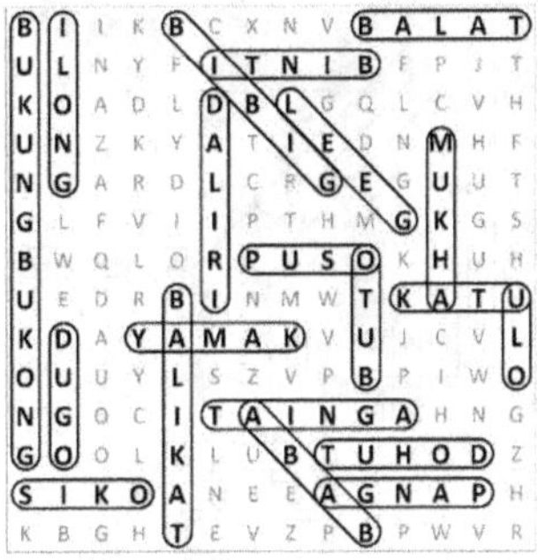

56 - Musical Instruments

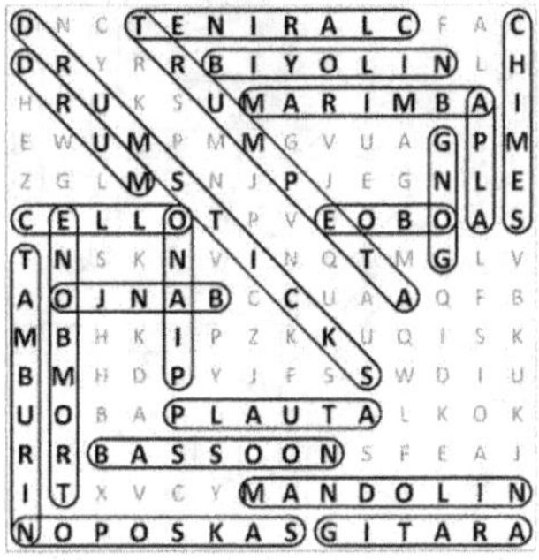

57 - Fruit

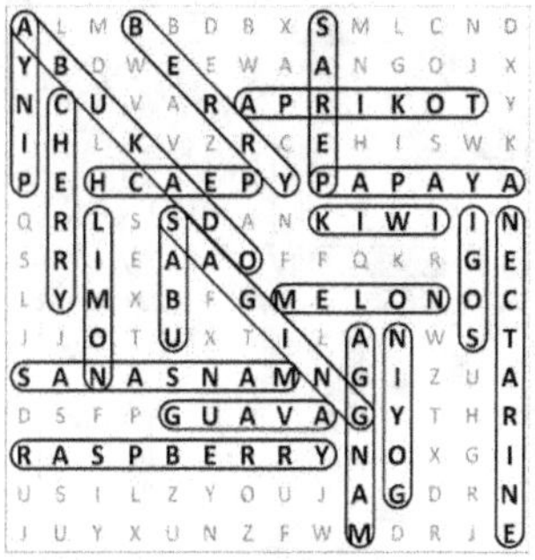

58 - Engineering

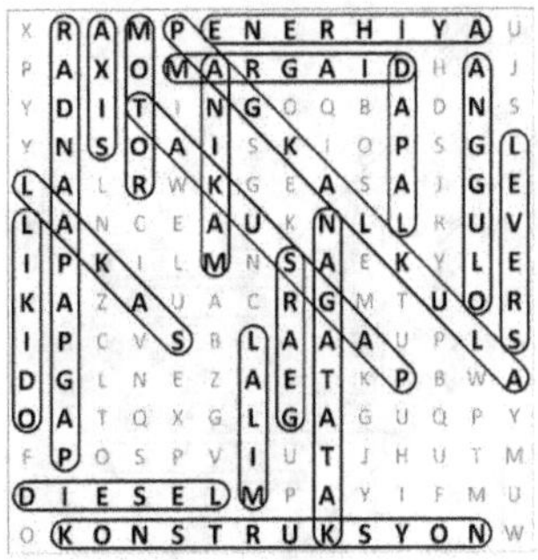

59 - Government

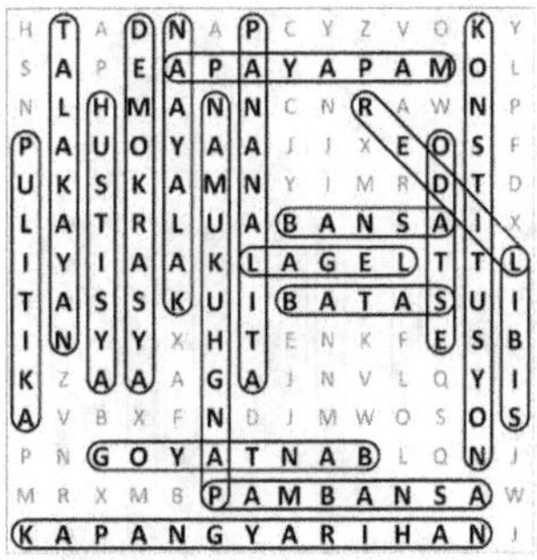

60 - Art Supplies

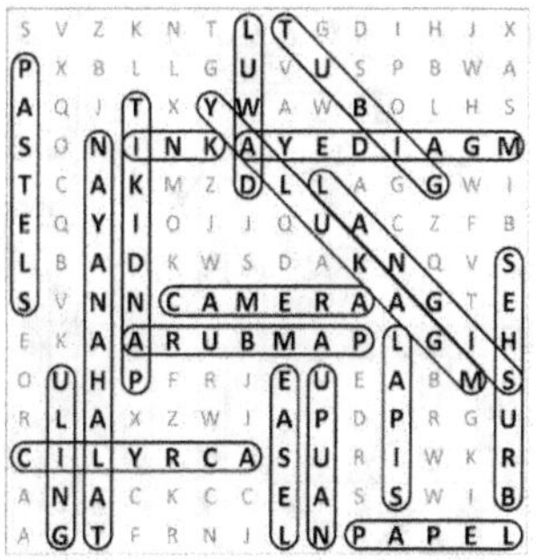

61 - Science Fiction

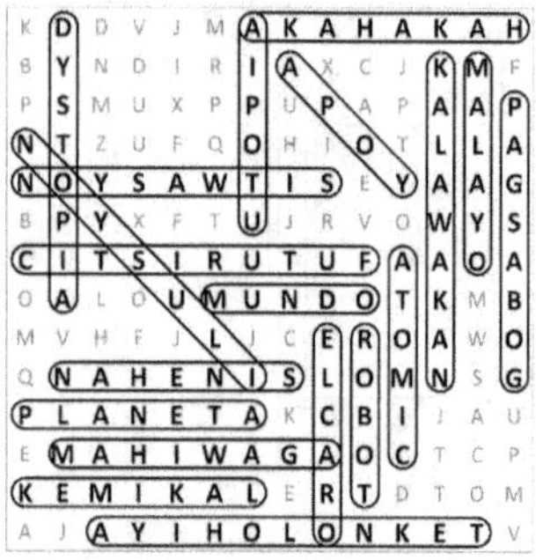

62 - Geometry

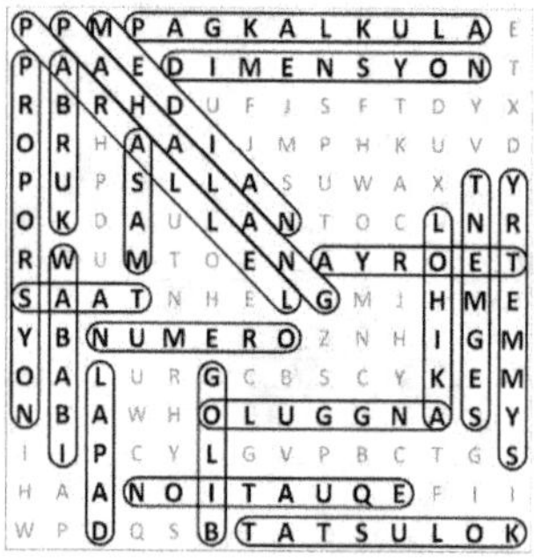

63 - Creativity

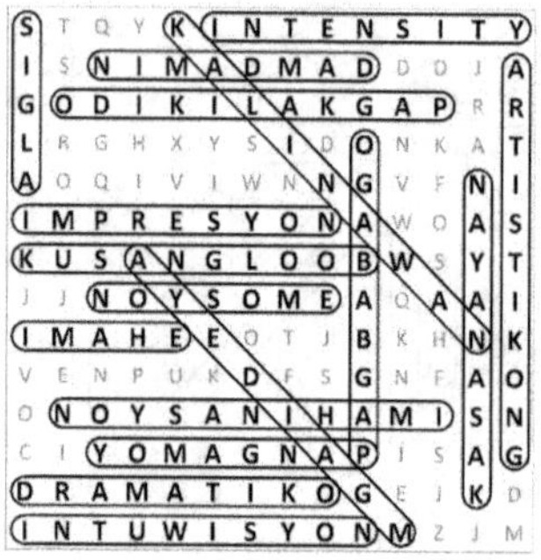

64 - Airplanes

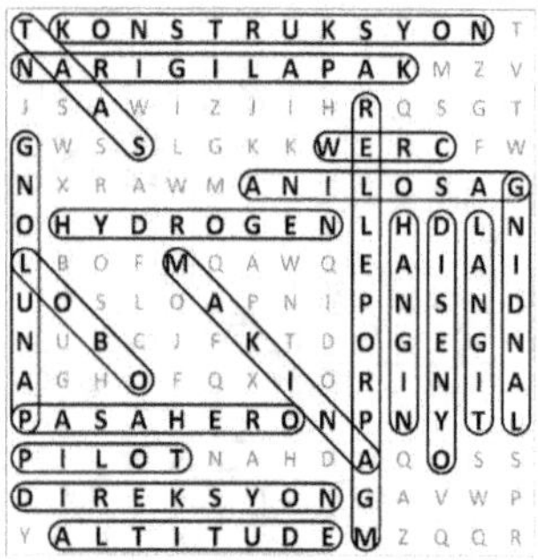

65 - Ocean

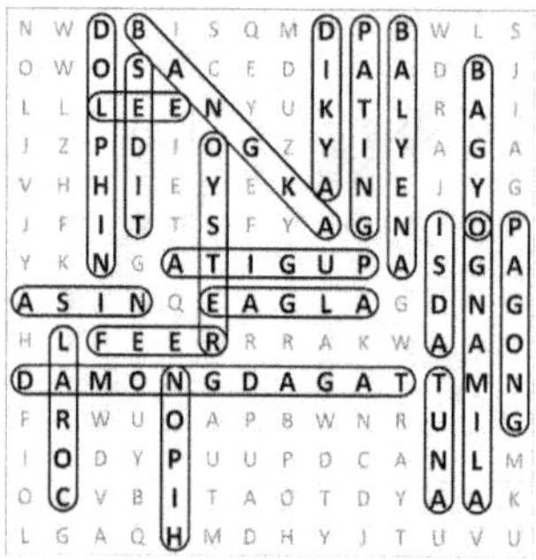

66 - Force and Gravity

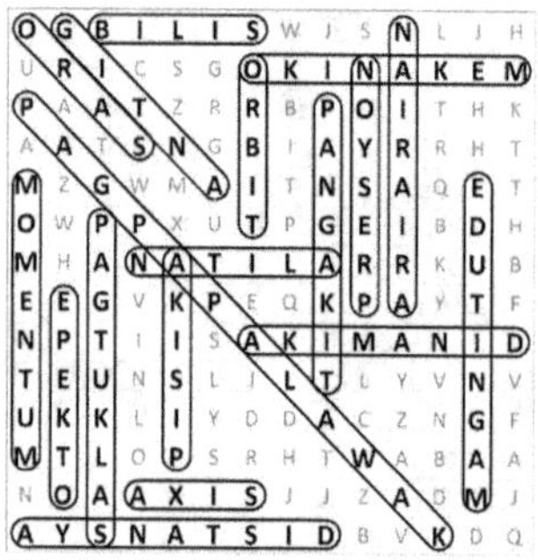

67 - Birds

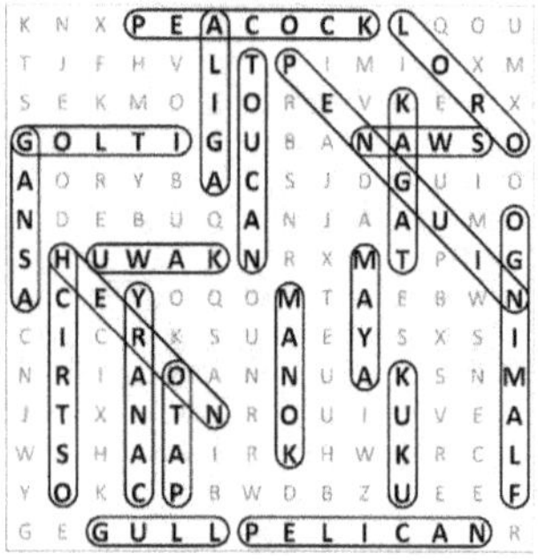

68 - Nutrition

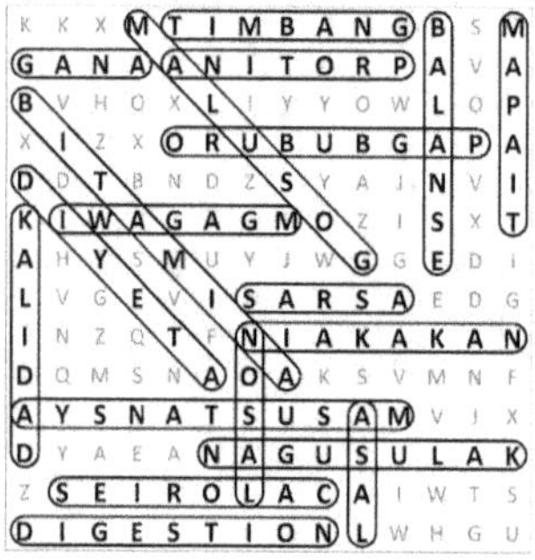

69 - Hiking

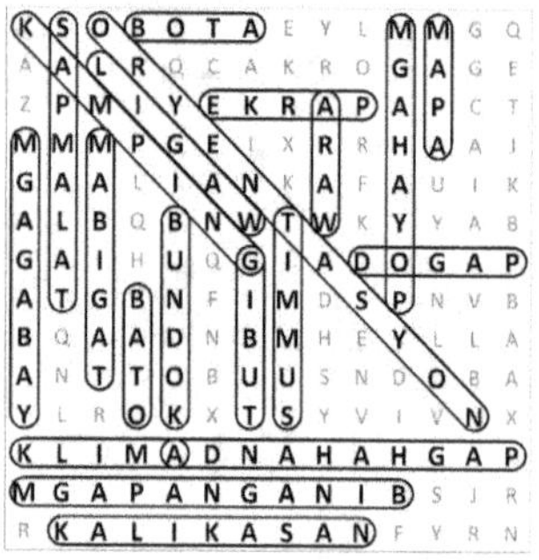

70 - Professions #1

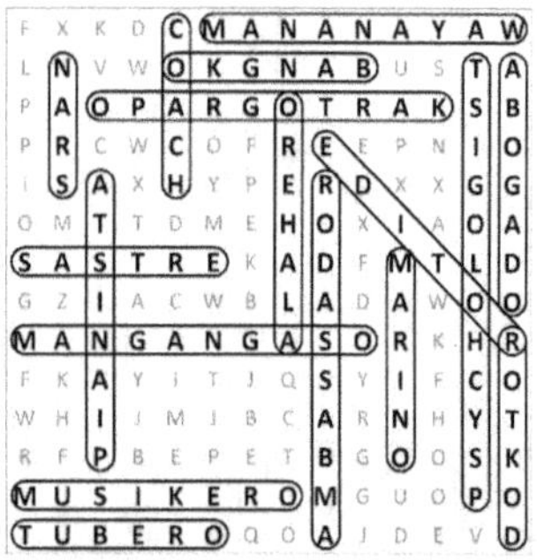

71 - Barbecues

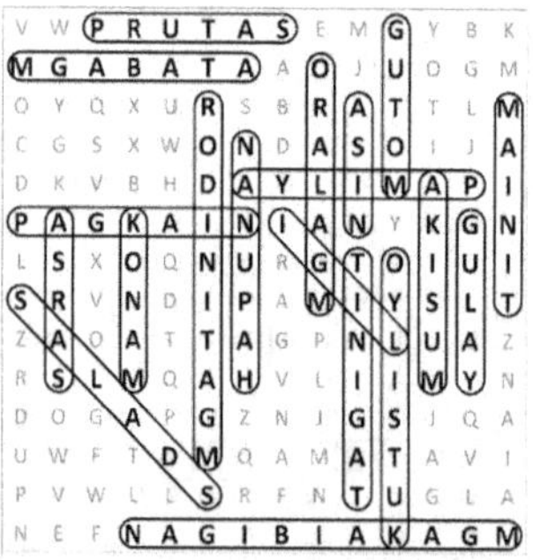

72 - Chocolate

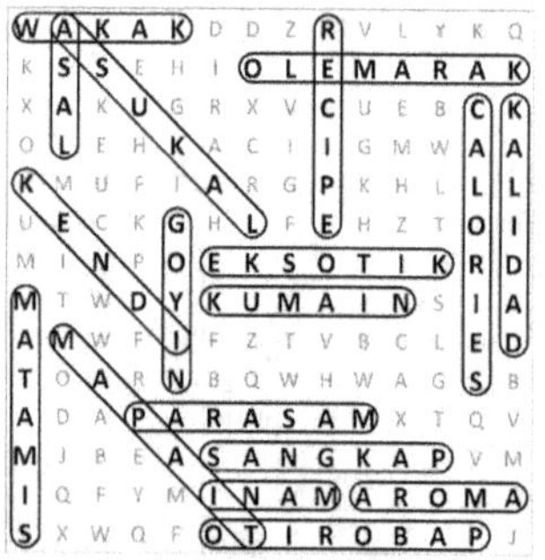

73 - Vegetables

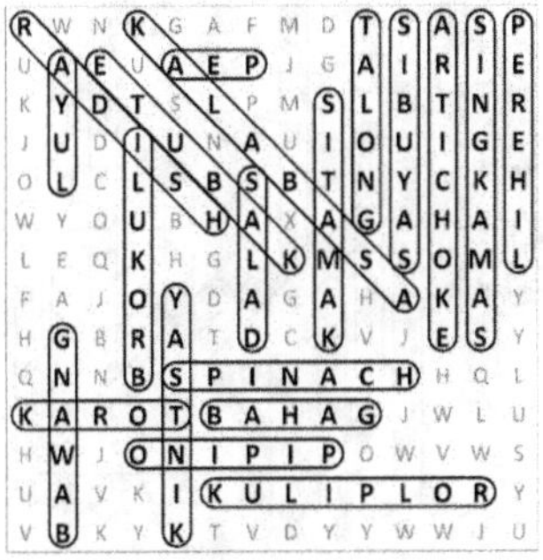

74 - Boats

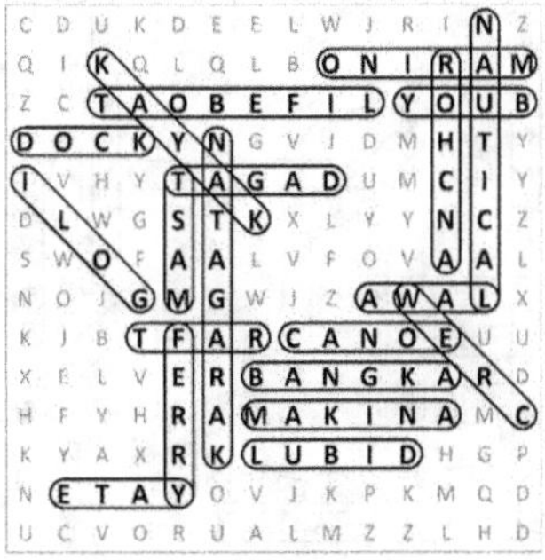

75 - Activities and Leisure

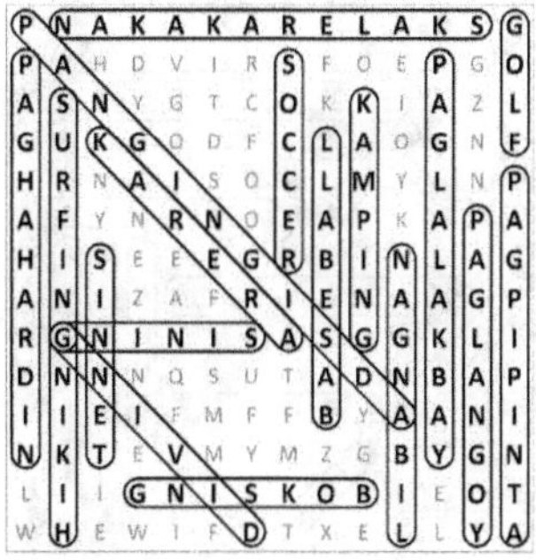

76 - Driving

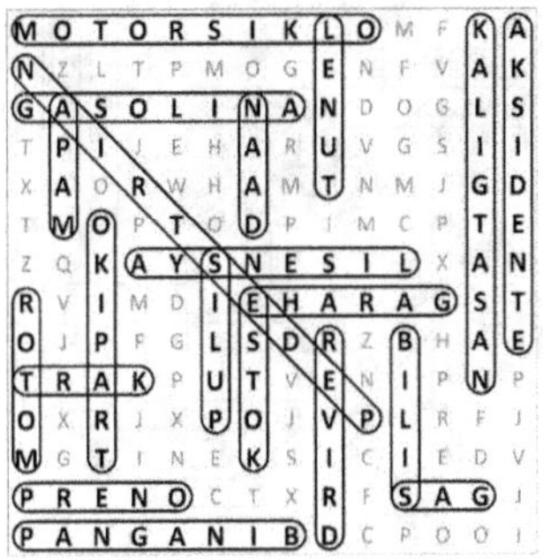

77 - Professions #2

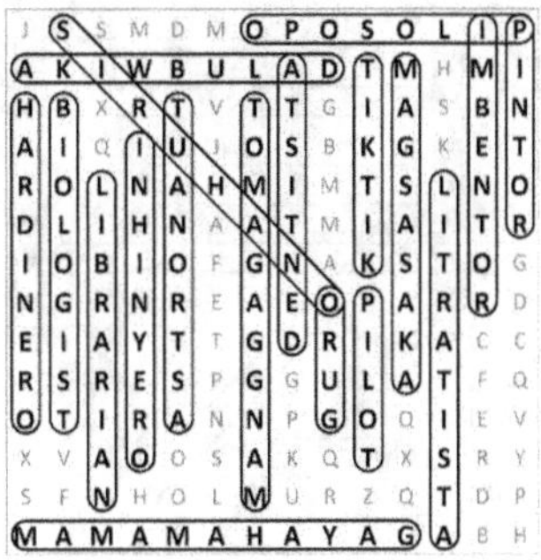

78 - Mythology

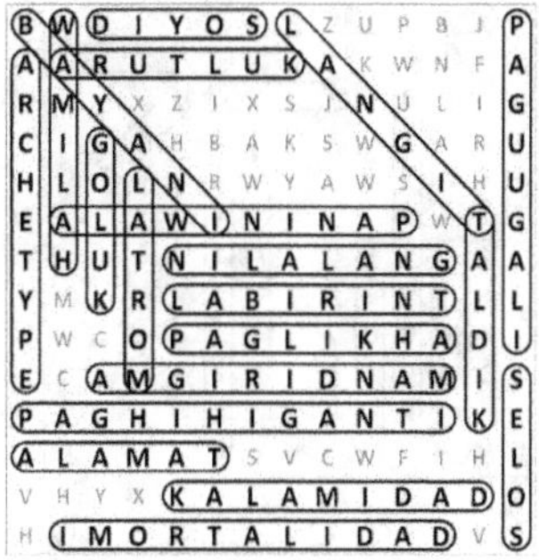

79 - Hair Types

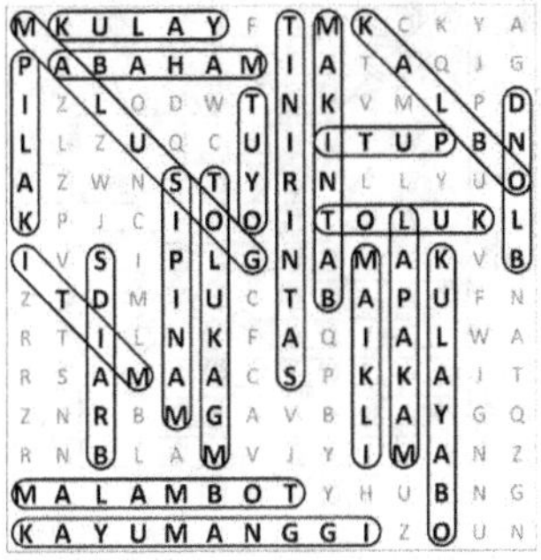

80 - Garden

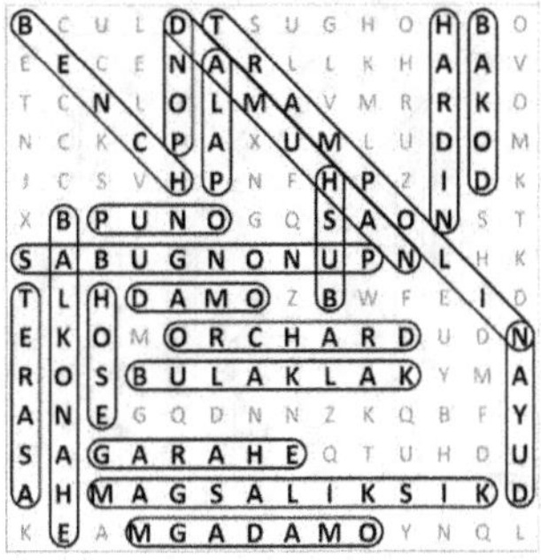

81 - Diplomacy

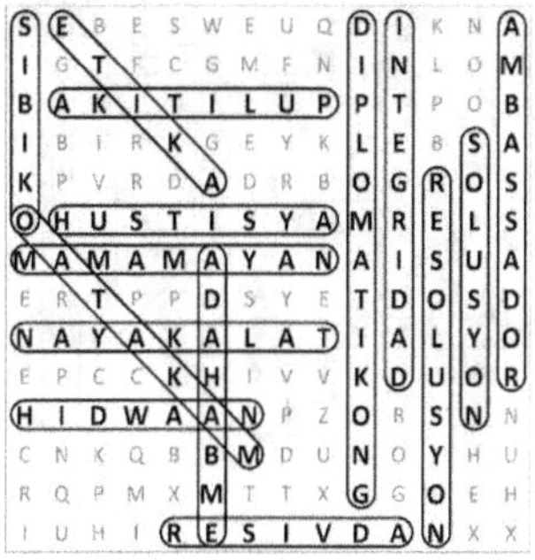

82 - Countries #1

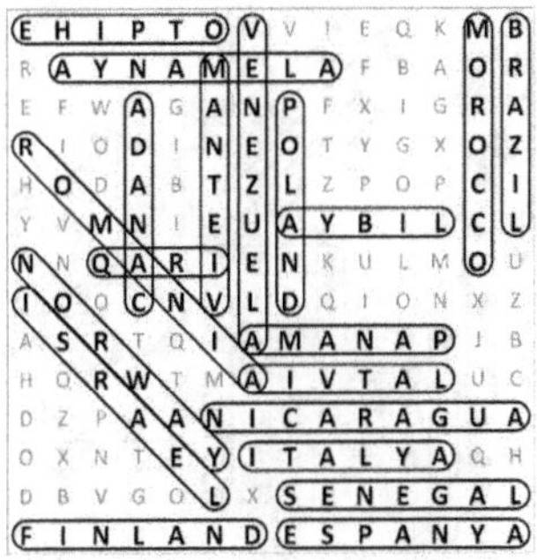

83 - Adjectives #1

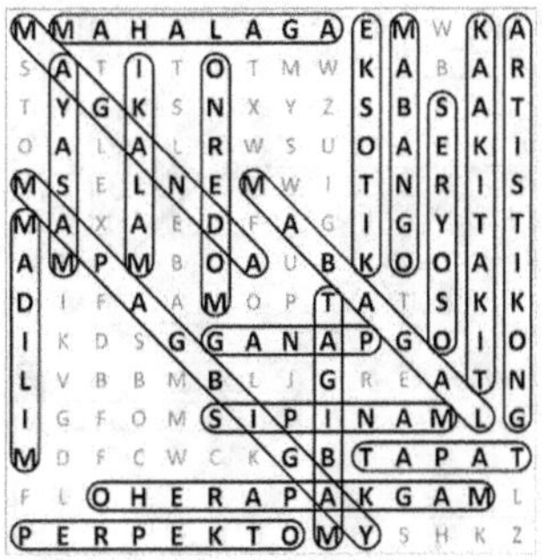

84 - Landscapes

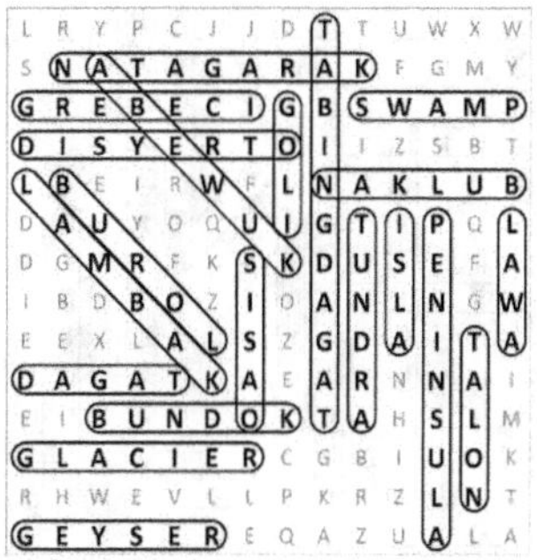

85 - Visual Arts

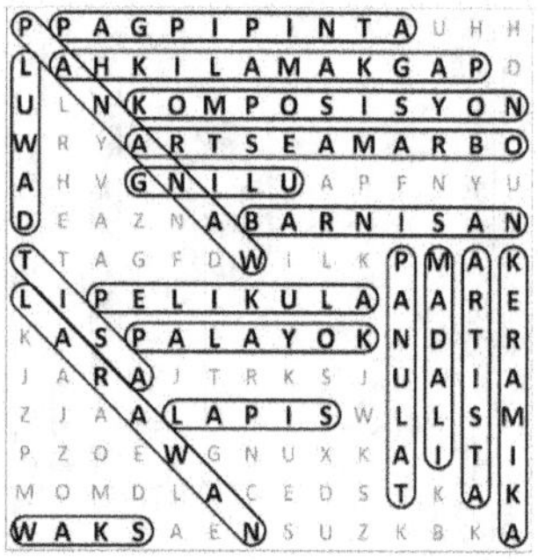

86 - Plants

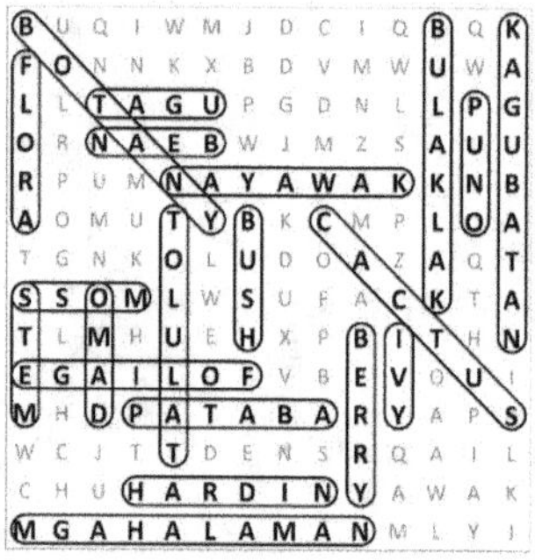

87 - Countries #2

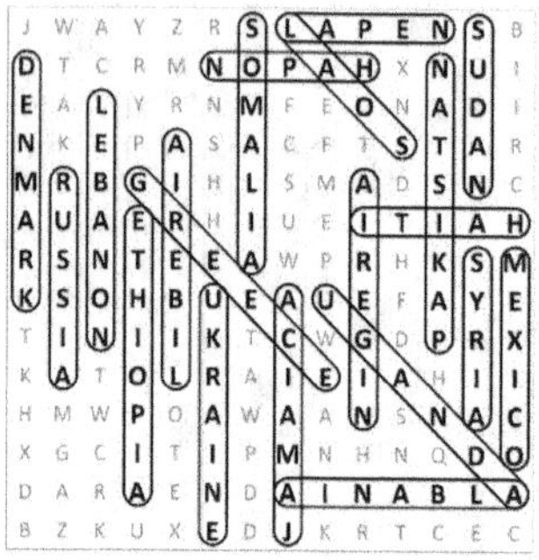

88 - Adjectives #2

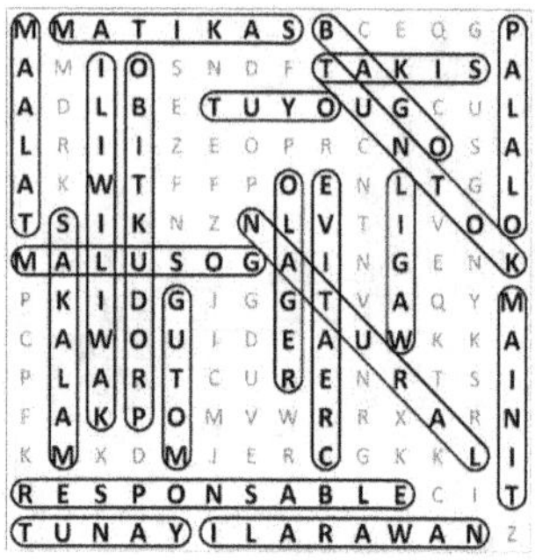

89 - Math

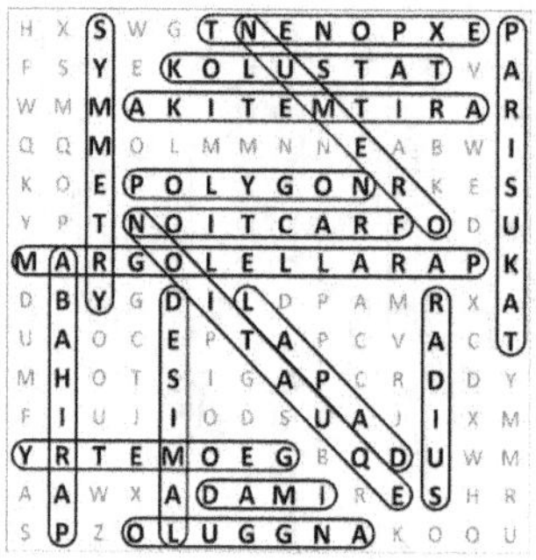

90 - Water

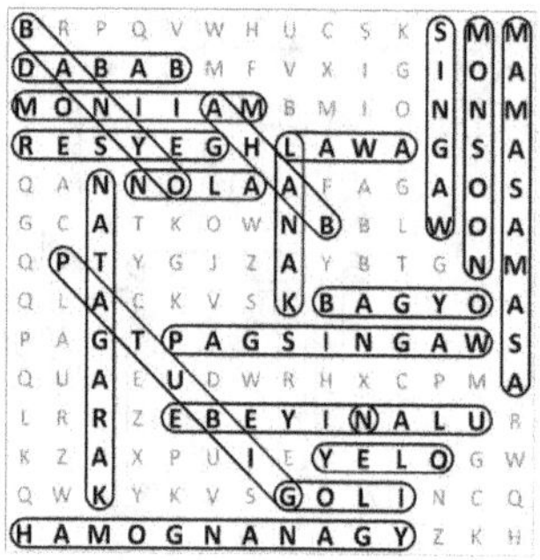

91 - Activities

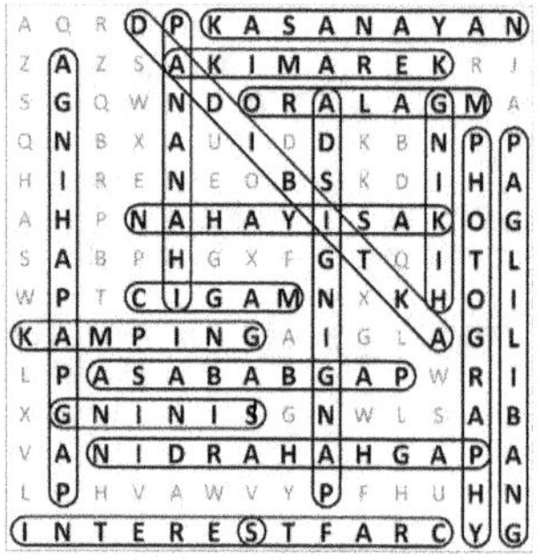

92 - Business

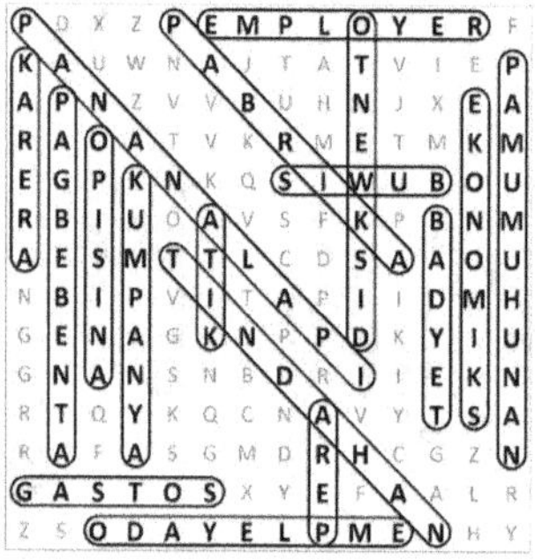

93 - The Company

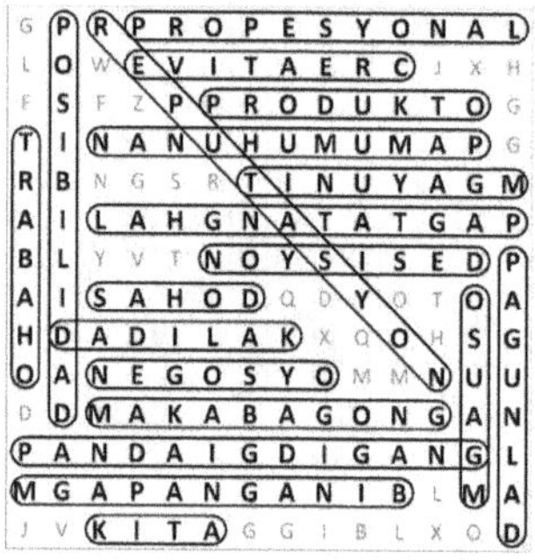

94 - Literature

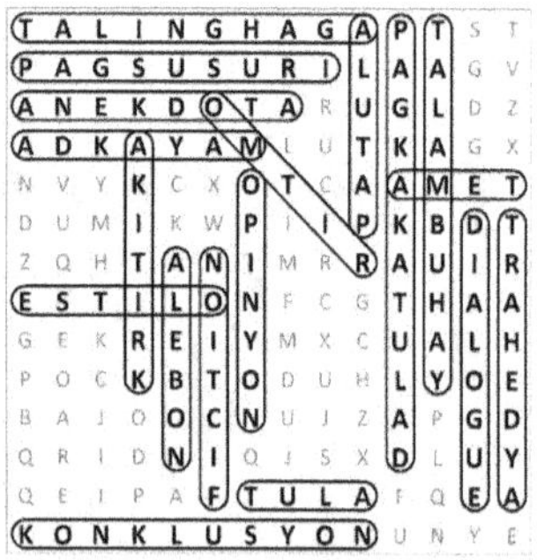

95 - Geography

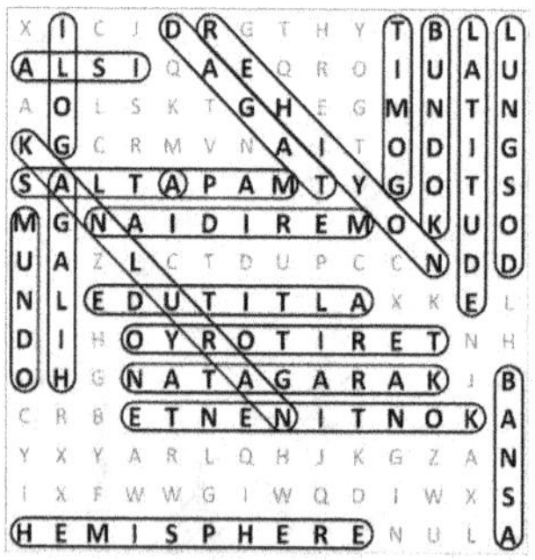

96 - Pets

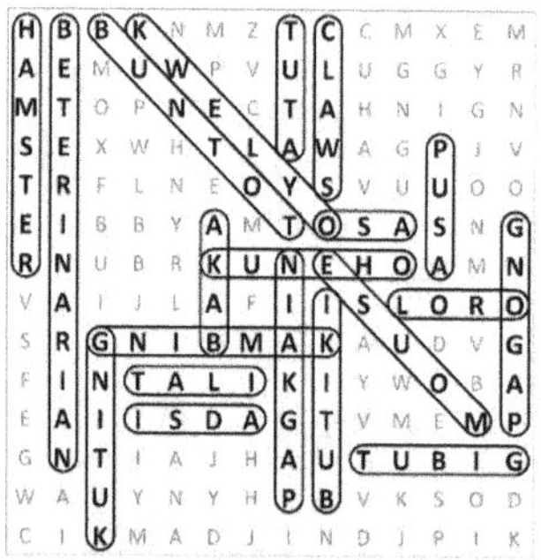

97 - Jazz

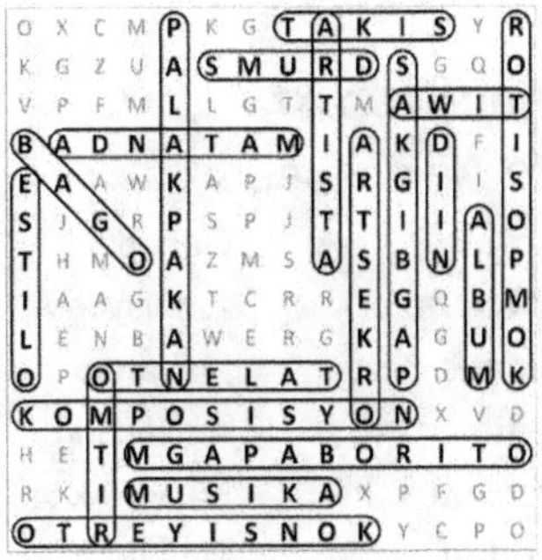

98 - Nature

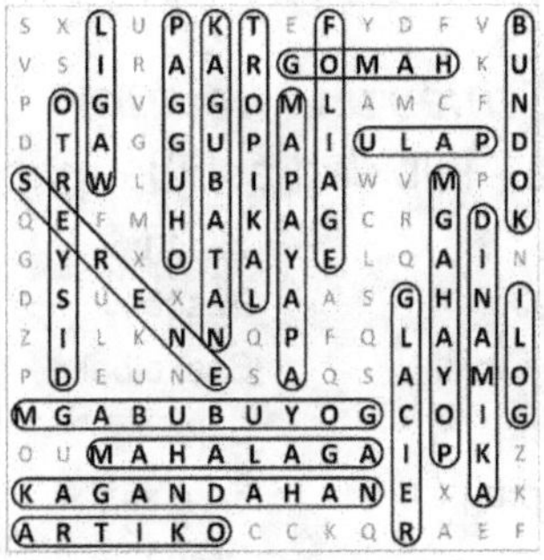

99 - Vacation #2

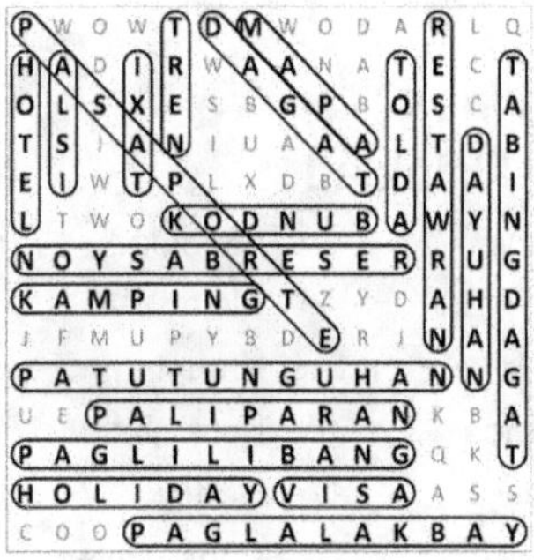

100 - Electricity

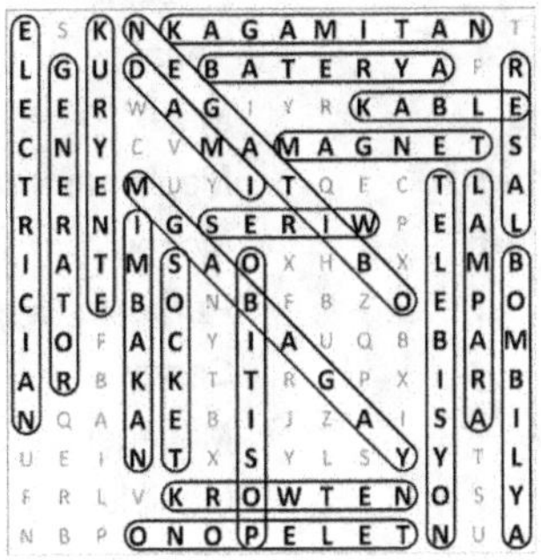

Dictionary

Activities
Mga Aktibidad

Activity	Aktibidad
Art	Sining
Camping	Kamping
Ceramics	Keramika
Crafts	Crafts
Dancing	Pagsasayaw
Fishing	Pangingisda
Games	Mga Laro
Gardening	Paghahardin
Hiking	Hiking
Hunting	Pangangaso
Interests	Interes
Leisure	Paglilibang
Magic	Magic
Photography	Photography
Pleasure	Kasiyahan
Reading	Pagbabasa
Relaxation	Pagpapahinga
Sewing	Pananahi
Skill	Kasanayan

Activities and Leisure
Mga Aktibidad at Libangan

Art	Sining
Baseball	Baseball
Basketball	Basketball
Boxing	Boksing
Camping	Kamping
Diving	Diving
Fishing	Pangingisda
Gardening	Paghahardin
Golf	Golf
Hiking	Hiking
Hobbies	Libangan
Painting	Pagpipinta
Racing	Karera
Relaxing	Nakakarelaks
Soccer	Soccer
Surfing	Surfing
Swimming	Paglangoy
Tennis	Tennis
Travel	Paglalakbay
Volleyball	Volleyball

Adjectives #1
Mga Adjectives #1

Absolute	Ganap
Ambitious	Ambisyoso
Aromatic	Mabango
Artistic	Artistikong
Attractive	Kaakit-Akit
Beautiful	Maganda
Dark	Madilim
Exotic	Eksotik
Generous	Mapagbigay
Happy	Masaya
Heavy	Mabigat
Honest	Tapat
Huge	Malaki
Identical	Magkapareho
Modern	Moderno
Perfect	Perpekto
Serious	Seryoso
Slow	Mabagal
Thin	Manipis
Valuable	Mahalaga

Adjectives #2
Mga Adjectives #2

Authentic	Tunay
Creative	Creative
Descriptive	Ilarawan
Dry	Tuyo
Elegant	Matikas
Famous	Sikat
Gifted	Regalo
Healthy	Malusog
Hot	Mainit
Hungry	Gutom
Interesting	Kawili-Wili
Natural	Natural
New	Bago
Productive	Produktibo
Proud	Palalo
Responsible	Responsable
Salty	Maalat
Sleepy	Tuntok
Strong	Malakas
Wild	Ligaw

Adventure
Pakikipagsapalaran

Activity	Aktibidad
Beauty	Kagandahan
Bravery	Katapangan
Challenges	Mga Hamon
Chance	Pagkakataon
Dangerous	Mapanganib
Destination	Patutunguhan
Difficulty	Kahirapan
Enthusiasm	Sigasig
Excursion	Excursion
Friends	Mga Kaibigan
Itinerary	Itineraryo
Joy	Kagalakan
Nature	Kalikasan
Navigation	Nabigation
New	Bago
Preparation	Paghahanda
Safety	Kaligtasan
Surprising	Nakakagulat
Travels	Paglalakbay

Airplanes
Mga Eroplano

Air	Hangin
Altitude	Altitude
Atmosphere	Kapaligiran
Balloon	Lobo
Construction	Konstruksyon
Crew	Crew
Descent	Panulong
Design	Disenyo
Direction	Direksyon
Engine	Makina
Fuel	Gasolina
Height	Taas
History	Kasaysayan
Hydrogen	Hydrogen
Landing	Landing
Passenger	Pasahero
Pilot	Pilot
Propellers	Mga Propeller
Sky	Langit
Turbulence	Kaguluhan

Algebra
Algebra

Addition	Karagdagan
Diagram	Diagram
Division	Dibisyon
Equation	Equation
Exponent	Exponent
Factor	Kadahilanan
False	Mali
Formula	Formula
Fraction	Fraction
Graph	Graph
Linear	Linear
Matrix	Matris
Number	Numero
Parenthesis	Panaklong
Problem	Problema
Simplify	Gawing Simple
Solution	Solusyon
Subtraction	Pagbabawas
Variable	Variable
Zero	Zero

Antarctica
Antarctica

Bay	Bay
Birds	Mga Ibon
Clouds	Ulap
Conservation	Konserbasyon
Continent	Kontinente
Cove	Cove
Environment	Kapaligiran
Expedition	Ekspedisyon
Geography	Heograpiya
Glaciers	Glaciers
Ice	Yelo
Migration	Paglipat
Minerals	Mineral
Peninsula	Peninsula
Researcher	Mananaliksik
Rocky	Rocky
Scientific	Siyentipiko
Temperature	Temperatura
Topography	Topograpiya
Water	Tubig

Antiques
Mga Antigo

Art	Sining
Auction	Auction
Authentic	Tunay
Century	Siglo
Coins	Barya
Collector	Kolektor
Condition	Kondisyon
Decades	Mga Dekada
Decorative	Pandekorasyon
Elegant	Matikas
Furniture	Murange
Gallery	Gallery
Investment	Pamumuhunan
Jewelry	Alahas
Old	Matanda
Price	Presyo
Quality	Kalidad
Sculpture	Iskultura
Style	Estilo
Value	Halaga

Archeology
Arkeolohiya

Analysis	Pagsusuri
Ancient	Sinaunang
Antiquity	Antiquity
Bones	Buto
Civilization	Sibilisasyon
Descendant	Inapo
Era	Era
Expert	Dalubhasa
Forgotten	Nakalimutan
Fossil	Fossil
Mystery	Misteryo
Objects	Mga Bagay
Pottery	Palayok
Professor	Propesor
Relic	Relic
Researcher	Mananaliksik
Team	Koponan
Temple	Templo
Tomb	Libingan
Years	Taon

Art Supplies
Mga Gamit sa Sining

Acrylic	Acrylic
Brushes	Brushes
Camera	Camera
Chair	Upuan
Charcoal	Uling
Clay	Luwad
Colors	Mga Kulay
Easel	Easel
Eraser	Pambura
Glue	Pandikit
Ideas	Mga Ideya
Ink	Ink
Oil	Langis
Paper	Papel
Pastels	Pastels
Pencils	Lapis
Table	Talahanayan
Water	Tubig
Watercolors	Watercolors

Astronomy
Astronomiya

Asteroid	Asteroid
Astronaut	Astronaut
Astronomer	Astronomo
Constellation	Konstelasyon
Cosmos	Cosmos
Earth	Lupa
Eclipse	Eklipse
Equinox	Equinox
Galaxy	Kalawakan
Meteor	Meteor
Moon	Buwan
Nebula	Nebula
Observatory	Obserbatoryo
Planet	Planeta
Radiation	Radiation
Rocket	Rocket
Satellite	Satellite
Sky	Langit
Supernova	Supernova
Zodiac	Zodiac

Ballet
Ballet

Applause	Palakpakan
Artistic	Artistikong
Audience	Madla
Ballerina	Ballerina
Choreography	Choreography
Composer	Kompositor
Dancers	Mananayaw
Expressive	Nagpapahayag
Gesture	Kilos
Graceful	Kaaya-Aya
Intensity	Intensity
Muscles	Kalamnan
Music	Musika
Orchestra	Orkestra
Practice	Pagsasanay
Rehearsal	Pag-Eensayo
Rhythm	Ritmo
Skill	Kasanayan
Style	Estilo
Technique	Pamamaraan

Barbecues
Mga Barbecue

Chicken	Manok
Children	Mga Bata
Dinner	Hapunan
Family	Pamilya
Food	Pagkain
Forks	Mga Tinidor
Friends	Mga Kaibigan
Fruit	Prutas
Games	Mga Laro
Grill	Igil
Hot	Mainit
Hunger	Gutom
Knives	Kutsilyo
Music	Musika
Salads	Salads
Salt	Asin
Sauce	Sarsa
Summer	Tag-Init
Tomatoes	Mga Kamatis
Vegetables	Gulay

Beauty
Kagandahan

Color	Kulay
Cosmetics	Pagpapaganda
Curls	Mga Kulot
Elegance	Kagandahan
Elegant	Matikas
Fragrance	Halimuyak
Grace	Biyaya
Lipstick	Kolorete
Makeup	Pampaganda
Mascara	Mascara
Mirror	Salamin
Photogenic	Photogenic
Products	Mga Produkto
Scent	Pabango
Scissors	Gunting
Services	Mga Serbisyo
Shampoo	Shampoo
Skin	Balat
Smooth	Makinis
Stylist	Estilista

Bees
Mga Bubuyog

Blossom	Blossom
Ecosystem	Ecosystem
Flowers	Bulaklak
Food	Pagkain
Fruit	Prutas
Garden	Hardin
Habitat	Tirahan
Hive	Pugad
Honey	Honey
Insect	Insekto
Plants	Halaman
Pollen	Pollen
Pollinator	Pollinator
Queen	Reyna
Smoke	Usok
Sun	Araw
Swarm	Punog
Wax	Waks
Wings	Mga Pakpak

Birds
Mga Ibon

Canary	Canary
Chicken	Manok
Crow	Uwak
Cuckoo	Kuku
Duck	Pato
Eagle	Agila
Egg	Itlog
Flamingo	Flamingo
Goose	Gansa
Gull	Gull
Heron	Heron
Ostrich	Ostrich
Parrot	Loro
Peacock	Peacock
Pelican	Pelican
Penguin	Penguin
Sparrow	Maya
Stork	Tagak
Swan	Swan
Toucan	Toucan

Boats
Mga Bangka

Anchor	Anchor
Buoy	Buoy
Canoe	Canoe
Crew	Crew
Dock	Dock
Engine	Makina
Ferry	Ferry
Kayak	Kayak
Lake	Lawa
Lifeboat	Lifeboat
Mast	Mast
Nautical	Nautical
Ocean	Karagatan
Raft	Raft
River	Ilog
Rope	Lubid
Sailboat	Bangka
Sailor	Marino
Sea	Dagat
Yacht	Yate

Books
Mga Aklat

Author	May-Akda
Character	Karakter
Collection	Koleksyon
Context	Konteksto
Duality	Kapal
Epic	Mahabang Tula
Historical	Historikal
Humorous	Nakakatawa
Inventive	Mapag-Imbento
Literary	Pampanitikan
Novel	Nobela
Page	Pahina
Poem	Tula
Reader	Reader
Relevant	May Kaugnayan
Series	Serye
Story	Kuwento
Tragic	Trahedya
Words	Mga Salita
Written	Nakasulat

Buildings
Mga Gusali

Apartment	Apartment
Barn	Barn
Cabin	Cabin
Castle	Kastilyo
Cinema	Sinehan
Embassy	Embahada
Factory	Pabrika
Hospital	Ospital
Hostel	Hostel
Hotel	Hotel
Laboratory	Laboratoryo
Museum	Museo
Observatory	Obserbatoryo
School	Paaralan
Stadium	Istadyum
Supermarket	Supermarket
Tent	Tolda
Theater	Teatro
Tower	Tower
University	Unibersidad

Business
Negosyo

Budget	Badyet
Career	Karera
Company	Kumpanya
Cost	Gastos
Currency	Pera
Discount	Diskwento
Economics	Ekonomiks
Employee	Empleyado
Employer	Employer
Factory	Pabrika
Finance	Pananalapi
Investment	Pamumuhunan
Manager	Tagapamahala
Merchandise	Merchandise
Office	Opisina
Profit	Kita
Sale	Pagbebenta
Shop	Tindahan
Taxes	Buwis
Transaction	Transaksyon

Camping
Camping

Animals	Mga Hayop
Cabin	Cabin
Canoe	Canoe
Compass	Kumpas
Equipment	Kagamitan
Fire	Apoy
Forest	Kagubatan
Fun	Masaya
Hammock	Duyan
Hat	Sumbrero
Hunting	Pangangaso
Insect	Insekto
Lake	Lawa
Map	Mapa
Moon	Buwan
Mountain	Bundok
Nature	Kalikasan
Rope	Lubid
Tent	Tolda
Trees	Mga Puno

Chemistry
Chemistry

Acid	Asido
Alkaline	Alkalina
Atomic	Atomic
Carbon	Carbon
Catalyst	Catalyst
Electron	Elektron
Enzyme	Enzyme
Gas	Gas
Heat	Init
Hydrogen	Hydrogen
Ion	Ion
Liquid	Likido
Metals	Mga Metal
Molecule	Molekula
Nuclear	Nuclear
Organic	Organic
Oxygen	Oxygen
Salt	Asin
Temperature	Temperatura
Weight	Timbang

Chocolate
Chocolate

Antioxidant	Antioxidant
Aroma	Aroma
Artisanal	Artisanal
Bitter	Mapait
Cacao	Kakaw
Calories	Calories
Candy	Kendi
Caramel	Karamelo
Coconut	Niyog
Delicious	Masarap
Exotic	Eksotik
Favorite	Paborito
Ingredient	Sangkap
Peanuts	Mani
Quality	Kalidad
Recipe	Recipe
Sugar	Asukal
Sweet	Matamis
Taste	Lasa
To Eat	Kumain

Circus
Circus

Acrobat	Acrobat
Animals	Mga Hayop
Balloons	Lobo
Candy	Kendi
Clown	Clown
Costume	Costume
Elephant	Elepante
Juggler	Juggler
Lion	Leon
Magic	Magic
Magician	Magician
Monkey	Unggoy
Music	Musika
Parade	Parada
Show	Ipakita
Spectator	Manonood
Tent	Tolda
Ticket	Tiket
Tiger	Tigre
Trick	Trick

Climbing
Pag-Akyat

Altitude	Altitude
Atmosphere	Kapaligiran
Boots	Bota
Cave	Kuweba
Challenges	Mga Hamon
Curiosity	Pag-Usisa
Expert	Dalubhasa
Gloves	Guwantes
Guides	Mga Gabay
Helmet	Helmet
Hiking	Hiking
Injury	Pinsala
Map	Mapa
Narrow	Makitid
Physical	Pisikal
Stability	Katatagan
Strength	Lakas
Terrain	Lupain
Training	Pagsasanay

Clothes
Mga Damit

Apron	Apron
Belt	Sinturon
Blouse	Blusa
Bracelet	Pulseras
Coat	Amerikana
Dress	Damit
Fashion	Fashion
Gloves	Guwantes
Hat	Sumbrero
Jacket	Dyaket
Jeans	Maong
Jewelry	Alahas
Necklace	Kuwintas
Pajamas	Pajamas
Pants	Pantalon
Scarf	Scarf
Shirt	Shirt
Shoe	Sapatos
Skirt	Palda
Sweater	Panglamig

Colors
Mga Kulay

Azure	Azure
Beige	Beige
Black	Itim
Blue	Asul
Brown	Kayumanggi
Crimson	Crimson
Cyan	Cyan
Fuchsia	Pusiya
Green	Berde
Grey	Kulay-Abo
Indigo	Indigo
Magenta	Magenta
Orange	Orange
Pink	Pink
Purple	Lilang
Red	Pula
Sepia	Sepia
Violet	Violet
White	Puti
Yellow	Dilaw

Countries #1
Mga Bansa #1

Brazil	Brazil
Canada	Canada
Egypt	Ehipto
Finland	Finland
Germany	Alemanya
Iraq	Iraq
Israel	Israel
Italy	Italya
Latvia	Latvia
Libya	Libya
Morocco	Morocco
Nicaragua	Nicaragua
Norway	Norway
Panama	Panama
Poland	Poland
Romania	Romania
Senegal	Senegal
Spain	Espanya
Venezuela	Venezuela
Vietnam	Vietnam

Countries #2
Mga Bansa #2

Albania	Albania
Denmark	Denmark
Ethiopia	Ethiopia
Greece	Greece
Haiti	Haiti
Jamaica	Jamaica
Japan	Hapon
Laos	Laos
Lebanon	Lebanon
Liberia	Liberia
Mexico	Mexico
Nepal	Nepal
Nigeria	Nigeria
Pakistan	Pakistan
Russia	Russia
Somalia	Somalia
Sudan	Sudan
Syria	Syria
Uganda	Uganda
Ukraine	Ukraine

Creativity
Pagkamalikhain

Artistic	Artistikong
Changing	Pagbabago
Clarity	Kalinawan
Dramatic	Dramatiko
Emotions	Emosyon
Expression	Pagpapahayag
Feelings	Damdamin
Fluidity	Pagkalikido
Ideas	Mga Ideya
Image	Imahe
Imagination	Imahinasyon
Impression	Impresyon
Inspiration	Inspirasyon
Intensity	Intensity
Intuition	Intuwisyon
Inventive	Mapag-Imbento
Sensation	Pang-Amoy
Skill	Kasanayan
Spontaneous	Kusang-Loob
Vitality	Sigla

Dance
Sayaw

Academy	Academy
Art	Sining
Body	Katawan
Choreography	Choreography
Classical	Klasiko
Culture	Kultura
Emotion	Damdamin
Expressive	Nagpapahayag
Grace	Biyaya
Joyful	Nagagalak
Jump	Tumalon
Movement	Paggalaw
Music	Musika
Partner	Kasosyo
Posture	Posture
Rehearsal	Pag-Eensayo
Rhythm	Ritmo
Traditional	Tradisyonal
Visual	Visual

Days and Months
Mga Araw at Buwan

April	Abril
August	Agosto
Calendar	Kalendaryo
February	Pebrero
Friday	Biyernes
January	Enero
July	Hulyo
March	Marso
May	Mayo
Monday	Lunes
Month	Buwan
November	Nobyembre
October	Oktubre
Saturday	Sabado
September	Setyembre
Sunday	Linggo
Thursday	Huwebes
Tuesday	Martes
Wednesday	Miyerkules
Year	Taon

Diplomacy
Diplomasya

Adviser	Adviser
Ambassador	Ambassador
Citizens	Mamamayan
Civic	Sibiko
Community	Komunidad
Conflict	Hidwaan
Cooperation	Kooperasyon
Diplomatic	Diplomatikong
Discussion	Talakayan
Embassy	Embahada
Ethics	Etika
Government	Pamahalaan
Humanitarian	Makatao
Integrity	Integridad
Justice	Hustisya
Politics	Pulitika
Resolution	Resolusyon
Security	Seguridad
Solution	Solusyon
Treaty	Kasunduan

Driving
Pagmamaneho

Accident	Aksidente
Brakes	Preno
Car	Kotse
Danger	Panganib
Driver	Driver
Fuel	Gasolina
Garage	Garahe
Gas	Gas
License	Lisensya
Map	Mapa
Motor	Motor
Motorcycle	Motorsiklo
Pedestrian	Pedestrian
Police	Pulis
Road	Daan
Safety	Kaligtasan
Speed	Bilis
Traffic	Trapiko
Truck	Trak
Tunnel	Tunel

Electricity
Elektrisidad

Battery	Baterya
Bulb	Bombilya
Cable	Kable
Electric	Kuryente
Electrician	Electrician
Equipment	Kagamitan
Generator	Generator
Lamp	Lampara
Laser	Laser
Magnet	Magnet
Negative	Negatibo
Network	Network
Objects	Mga Bagay
Positive	Positibo
Quantity	Dami
Socket	Socket
Storage	Imbakan
Telephone	Telepono
Television	Telebisyon
Wires	Wires

Energy
Enerhiya

Battery	Baterya
Carbon	Carbon
Diesel	Diesel
Electric	Kuryente
Electron	Elektron
Engine	Makina
Entropy	Entropy
Environment	Kapaligiran
Gasoline	Gasolina
Heat	Init
Hydrogen	Hydrogen
Industry	Industriya
Motor	Motor
Nuclear	Nuclear
Photon	Larawan
Pollution	Polusyon
Renewable	Renewable
Steam	Singaw
Turbine	Turbina
Wind	Hangin

Engineering
Engineering

Angle	Anggulo
Axis	Axis
Calculation	Pagkalkula
Construction	Konstruksyon
Depth	Lalim
Diagram	Diagram
Diameter	Lapad
Diesel	Diesel
Distribution	Pamamahagi
Energy	Enerhiya
Gears	Gears
Levers	Levers
Liquid	Likido
Machine	Makina
Measurement	Pagsukat
Motor	Motor
Propulsion	Pagpapaandar
Stability	Katatagan
Strength	Lakas
Structure	Istruktura

Ethics
Etika

Altruism	Altruism
Compassion	Pagkahabag
Cooperation	Kooperasyon
Dignity	Dignidad
Diplomatic	Diplomatikong
Honesty	Katapatan
Humanity	Sangkatauhan
Integrity	Integridad
Kindness	Kabaitan
Optimism	Optimismo
Patience	Pasensya
Philosophy	Pilosopiya
Rationality	Rasyonalidad
Realism	Realismo
Reasonable	Makatwirang
Respectful	Magalang
Tolerance	Pagpaparaya
Values	Mga Halaga
Wisdom	Karunungan

Farm #1
Bukid #1

Agriculture	Agrikultura
Bee	Pukyutan
Bison	Bison
Calf	Guya
Cat	Pusa
Chicken	Manok
Cow	Baka
Crow	Uwak
Dog	Aso
Donkey	Asno
Fence	Bakod
Fertilizer	Pataba
Field	Patlang
Goat	Kambing
Hay	Hay
Honey	Honey
Horse	Kabayo
Rice	Bigas
Seeds	Mga Binhi
Water	Tubig

Farm #2
Bukid #2

Animals	Mga Hayop
Barley	Barley
Barn	Barn
Beehive	Beehive
Corn	Mais
Duck	Pato
Farmer	Magsasaka
Food	Pagkain
Fruit	Prutas
Irrigation	Patubig
Llama	Llama
Meadow	Lugar
Milk	Gatas
Orchard	Orchard
Sheep	Tupa
Shepherd	Pastol
Tractor	Traktor
Vegetable	Gulay
Wheat	Trigo
Windmill	Windmill

Fashion
Sunod sa Moda

Affordable	Abot-Kayang
Boutique	Boutique
Buttons	Mga Pindutan
Clothing	Damit
Comfortable	Komportable
Elegant	Matikas
Embroidery	Pagbuburda
Expensive	Mahal
Fabric	Tela
Lace	Lace
Minimalist	Minimalist
Modern	Moderno
Modest	Katamtaman
Original	Orihinal
Pattern	Pattern
Practical	Praktikal
Simple	Simple
Style	Estilo
Texture	Texture
Trend	Trend

Fishing
Pangingisda

Bait	Pain
Basket	Basket
Beach	Tabing-Dagat
Boat	Bangka
Cook	Lutuin
Equipment	Kagamitan
Exaggeration	Pagmamalabis
Fins	Fins
Gills	Gills
Hook	Hook
Jaw	Panga
Lake	Lawa
Ocean	Karagatan
Patience	Pasensya
River	Ilog
Season	Panahon
Water	Tubig
Weight	Timbang
Wire	Wire

Flowers
Mga Bulaklak

Bouquet	Bouquet
Calendula	Calendula
Clover	Klouber
Daffodil	Daffodil
Daisy	Daisy
Dandelion	Dandelion
Gardenia	Gardenia
Hibiscus	Hibiscus
Jasmine	Jasmine
Lavender	Lavender
Lilac	Lilac
Lily	Lily
Magnolia	Magnolia
Orchid	Orkidyas
Peony	Peony
Petal	Talulot
Plumeria	Plumeria
Poppy	Poppy
Sunflower	Mirasol
Tulip	Tulip

Food #1
Pagkain #1

Apricot	Aprikot
Barley	Barley
Basil	Basil
Carrot	Karot
Cinnamon	Kanela
Garlic	Bawang
Juice	Juice
Lemon	Limon
Milk	Gatas
Onion	Sibuyas
Peanut	Peanut
Pear	Peras
Salad	Salad
Salt	Asin
Soup	Sopas
Spinach	Spinach
Strawberry	Presa
Sugar	Asukal
Tuna	Tuna
Turnip	Singkamas

Food #2
Pagkain #2

Apple	Mansanas
Artichoke	Artichoke
Banana	Saging
Broccoli	Brokuli
Celery	Kintsay
Cheese	Keso
Cherry	Cherry
Chicken	Manok
Chocolate	Tsokolate
Egg	Itlog
Eggplant	Talong
Fish	Isda
Grape	Ubas
Ham	Ham
Kiwi	Kiwi
Mushroom	Kabute
Rice	Bigas
Tomato	Kamatis
Wheat	Trigo
Yogurt	Yogurt

Force and Gravity
Puwersa at Grabidad

Axis	Axis
Center	Gitna
Discovery	Pagtuklas
Distance	Distansya
Dynamic	Dinamika
Expansion	Pagpapalawak
Friction	Alitan
Impact	Epekto
Magnetism	Pang-Akit
Magnitude	Magnitude
Mechanics	Mekaniko
Momentum	Momentum
Orbit	Orbit
Physics	Pisika
Pressure	Presyon
Properties	Ari-Arian
Speed	Bilis
Time	Oras
Universal	Unibersal
Weight	Timbang

Fruit
Prutas

Apple	Mansanas
Apricot	Aprikot
Avocado	Abukado
Banana	Saging
Berry	Berry
Cherry	Cherry
Coconut	Niyog
Fig	Igos
Grape	Ubas
Guava	Guava
Kiwi	Kiwi
Lemon	Limon
Mango	Mangga
Melon	Melon
Nectarine	Nectarine
Papaya	Papaya
Peach	Peach
Pear	Peras
Pineapple	Pinya
Raspberry	Raspberry

Garden
Hardin

Bench	Bench
Bush	Bush
Fence	Bakod
Flower	Bulaklak
Garage	Garahe
Garden	Hardin
Grass	Damo
Hammock	Duyan
Hose	Hose
Lawn	Damuhan
Orchard	Orchard
Pond	Pond
Porch	Balkonahe
Rake	Magsaliksik
Shovel	Pala
Terrace	Terasa
Trampoline	Trampolin
Tree	Puno
Vine	Puno ng Ubas
Weeds	Mga Damo

Gardening
Paghahalaman

Blossom	Blossom
Botanical	Botanical
Bouquet	Bouquet
Climate	Klima
Compost	Compost
Container	Lalagyan
Dirt	Dumi
Edible	Nakakain
Exotic	Eksotik
Floral	Floral
Foliage	Foliage
Hose	Hose
Leaf	Dahon
Orchard	Orchard
Seasonal	Pana-Panahong
Seeds	Mga Binhi
Soil	Lupa
Species	Mga Species
Water	Tubig

Geography
Heograpiya

Altitude	Altitude
Atlas	Atlas
City	Lungsod
Continent	Kontinente
Country	Bansa
Hemisphere	Hemisphere
Island	Isla
Latitude	Latitude
Map	Mapa
Meridian	Meridian
Mountain	Bundok
North	Hilaga
Ocean	Karagatan
Region	Rehiyon
River	Ilog
Sea	Dagat
South	Timog
Territory	Teritoryo
West	Kanluran
World	Mundo

Geology
Geolohiya

Acid	Asido
Calcium	Kaltsyum
Cavern	Yungib
Continent	Kontinente
Coral	Coral
Crystals	Mga Kristal
Cycles	Cycle
Earthquake	Lindol
Erosion	Pagguho
Fossil	Fossil
Geyser	Geyser
Lava	Lava
Layer	Layer
Minerals	Mineral
Plateau	Plateau
Quartz	Quartz
Salt	Asin
Stalactite	Stalactite
Stone	Bato
Volcano	Bulkan

Geometry
Geometry

Angle	Anggulo
Calculation	Pagkalkula
Circle	Bilog
Curve	Kurba
Diameter	Lapad
Dimension	Dimensyon
Equation	Equation
Height	Taas
Horizontal	Pahalang
Logic	Lohika
Mass	Masa
Median	Median
Number	Numero
Parallel	Parallel
Proportion	Proporsyon
Segment	Segment
Surface	Ibabaw
Symmetry	Symmetry
Theory	Teorya
Triangle	Tatsulok

Government
Pamahalaan

Civil	Sibil
Constitution	Konstitusyon
Democracy	Demokrasya
Discussion	Talakayan
District	Distrito
Judicial	Panghukuman
Justice	Hustisya
Law	Batas
Leader	Lider
Legal	Legal
Liberty	Kalayaan
Monument	Bantayog
Nation	Bansa
National	Pambansa
Peaceful	Mapayapa
Politics	Pulitika
Power	Kapangyarihan
Speech	Pananalita
State	Estado
Symbol	Simbolo

Hair Types
Mga uri ng Buhok

Bald	Kalbo
Black	Itim
Blond	Blond
Braided	Tinirintas
Braids	Braids
Brown	Kayumanggi
Colored	Kulay
Curls	Mga Kulot
Curly	Kulot
Dry	Tuyo
Gray	Kulay-Abo
Healthy	Malusog
Long	Mahaba
Shiny	Makintab
Short	Maikli
Silver	Pilak
Soft	Malambot
Thick	Makapal
Thin	Manipis
White	Puti

Health and Wellness #1
Kalusugan at Kaayusan #1

Active	Aktibo
Bacteria	Bakterya
Bones	Buto
Clinic	Klinika
Doctor	Doktor
Fracture	Bali
Habit	Ugali
Height	Taas
Hormones	Hormones
Hunger	Gutom
Medicine	Gamot
Muscles	Kalamnan
Nerves	Nerbiyos
Pharmacy	Parmasya
Reflex	Reflex
Relaxation	Pagpapahinga
Skin	Balat
Therapy	Therapy
Treatment	Paggamot
Virus	Virus

Health and Wellness #2
Kalusugan at Kaayusan #2

Allergy	Allergy
Anatomy	Anatomiya
Appetite	Gana
Blood	Dugo
Calorie	Calorie
Diet	Diyeta
Disease	Sakit
Energy	Enerhiya
Genetics	Genetics
Healthy	Malusog
Hospital	Ospital
Hygiene	Kalinisan
Infection	Impeksyon
Massage	Masahe
Mood	Mood
Nutrition	Nutrisyon
Recovery	Pagbawi
Stress	Stress
Vitamin	Bitamina
Weight	Timbang

Herbalism
Herbalismo

Aromatic	Mabango
Basil	Basil
Culinary	Pagluluto
Fennel	Haras
Flavor	Lasa
Flower	Bulaklak
Garden	Hardin
Garlic	Bawang
Green	Berde
Ingredient	Sangkap
Lavender	Lavender
Marjoram	Marjoram
Mint	Mint
Oregano	Oregano
Parsley	Perehil
Plant	Halaman
Quality	Kalidad
Rosemary	Rosemary
Saffron	Saffron
Tarragon	Tarragon

Hiking
Paglalakad

Animals	Mga Hayop
Boots	Bota
Camping	Kamping
Cliff	Talampas
Climate	Klima
Guides	Mga Gabay
Hazards	Mga Panganib
Heavy	Mabigat
Map	Mapa
Mountain	Bundok
Nature	Kalikasan
Orientation	Oryentasyon
Parks	Parke
Preparation	Paghahanda
Stones	Bato
Summit	Summit
Sun	Araw
Tired	Pagod
Water	Tubig
Wild	Ligaw

House
Bahay

Attic	Attic
Broom	Walis
Curtains	Mga Kurtina
Door	Pinto
Fence	Bakod
Fireplace	Fireplace
Floor	Sahig
Furniture	Murange
Garage	Garahe
Garden	Hardin
Keys	Mga Susi
Kitchen	Kusina
Lamp	Lampara
Library	Aklatan
Mirror	Salamin
Roof	Bubong
Room	Silid
Shower	Shower
Wall	Pader
Window	Bintana

Human Body
Katawan ng Tao

Ankle	Bukung-Bukong
Blood	Dugo
Bones	Buto
Brain	Utak
Chin	Baba
Ear	Tainga
Elbow	Siko
Face	Mukha
Finger	Daliri
Hand	Kamay
Head	Ulo
Heart	Puso
Jaw	Panga
Knee	Tuhod
Leg	Binti
Mouth	Bibig
Neck	Leeg
Nose	Ilong
Shoulder	Balikat
Skin	Balat

Insects
Mga Insekto

Ant	Ant
Aphid	Aphid
Bee	Pukyutan
Beetle	Beetle
Butterfly	Paruparo
Cicada	Cicada
Cockroach	Ipis
Dragonfly	Dragonfly
Flea	Flea
Grasshopper	Tipaklong
Hornet	Hornet
Ladybug	Ladybug
Larva	Larva
Locust	Balang
Mantis	Mantis
Mosquito	Lamok
Moth	Moth
Termite	Anay
Wasp	Wasp
Worm	Uod

Jazz
Jazz

Album	Album
Applause	Palakpakan
Artist	Artista
Composer	Kompositor
Composition	Komposisyon
Concert	Konsiyerto
Drums	Drums
Emphasis	Diin
Famous	Sikat
Favorites	Mga Paborito
Improvisation	Pagbigkas
Music	Musika
New	Bago
Old	Matanda
Orchestra	Orkestra
Rhythm	Ritmo
Song	Awit
Style	Estilo
Talent	Talento
Technique	Pamamaraan

Landscapes
Mga Landscape

Beach	Tabing-Dagat
Cave	Kuweba
Desert	Disyerto
Geyser	Geyser
Glacier	Glacier
Hill	Burol
Iceberg	Iceberg
Island	Isla
Lake	Lawa
Mountain	Bundok
Oasis	Oasis
Ocean	Karagatan
Peninsula	Peninsula
River	Ilog
Sea	Dagat
Swamp	Swamp
Tundra	Tundra
Valley	Lambak
Volcano	Bulkan
Waterfall	Talon

Literature
Panitikan

Analogy	Pagkakatulad
Analysis	Pagsusuri
Anecdote	Anekdota
Author	May-Akda
Biography	Talambuhay
Comparison	Paghahambing
Conclusion	Konklusyon
Critique	Kritika
Description	Paglalarawan
Dialogue	Dialogue
Fiction	Fiction
Metaphor	Talinghaga
Novel	Nobela
Opinion	Opinyon
Poem	Tula
Poetic	Patula
Rhythm	Ritmo
Style	Estilo
Theme	Tema
Tragedy	Trahedya

Mammals
Mga Mamalya

Bear	Oso
Beaver	Beaver
Bull	Toro
Cat	Pusa
Coyote	Coyote
Dog	Aso
Dolphin	Dolphin
Elephant	Elepante
Fox	Fox
Giraffe	Dyirap
Gorilla	Gorilla
Horse	Kabayo
Kangaroo	Kangaroo
Lion	Leon
Monkey	Unggoy
Rabbit	Kuneho
Sheep	Tupa
Whale	Balyena
Wolf	Lobo
Zebra	Zebra

Math
Matematika

Angles	Anggulo
Arithmetic	Aritmetika
Circumference	Circumference
Decimal	Desimal
Diameter	Lapad
Equation	Equation
Exponent	Exponent
Fraction	Fraction
Geometry	Geometry
Numbers	Numero
Parallel	Parallel
Parallelogram	Parallelogram
Perimeter	Perimeter
Polygon	Polygon
Radius	Radius
Rectangle	Parihaba
Square	Parisukat
Symmetry	Symmetry
Triangle	Tatsulok
Volume	Dami

Measurements
Mga Sukat

Byte	Byte
Centimeter	Sentimetro
Decimal	Desimal
Degree	Degree
Depth	Lalim
Gram	Gramo
Height	Taas
Inch	Pulgada
Kilogram	Kilo
Kilometer	Kilometro
Length	Haba
Liter	Litro
Mass	Masa
Meter	Metro
Minute	Minuto
Ounce	Onsa
Ton	Tonelada
Volume	Dami
Weight	Timbang
Width	Lapad

Meditation
Pagmumuni-Muni

Acceptance	Pagtanggap
Attention	Pansin
Awake	Gising
Breathing	Paghinga
Calm	Kalmado
Clarity	Kalinawan
Compassion	Pagkahabag
Emotions	Emosyon
Gratitude	Pasasalamat
Habits	Mga Gawi
Happiness	Kaligayahan
Kindness	Kabaitan
Mental	Mental
Mind	Isip
Movement	Paggalaw
Music	Musika
Nature	Kalikasan
Peace	Kapayapaan
Perspective	Pananaw
Silence	Katahimikan

Music
Musika

Album	Album
Ballad	Ballad
Chorus	Koro
Classical	Klasiko
Eclectic	Eclectic
Harmonic	Harmonic
Harmony	Pagkakaisa
Lyrical	Liriko
Melody	Himig
Microphone	Mikropono
Musical	Musika
Musician	Musikero
Opera	Opera
Poetic	Patula
Recording	Pag-Record
Rhythm	Ritmo
Rhythmic	Maindayog
Sing	Kumanta
Singer	Mang-Aawit
Vocal	Vocal

Musical Instruments
Mga Instrumentong Pangmu

Banjo	Banjo
Bassoon	Bassoon
Cello	Cello
Chimes	Chimes
Clarinet	Clarinet
Drum	Drum
Drumsticks	Drumsticks
Flute	Plauta
Gong	Gong
Guitar	Gitara
Harp	Alpa
Mandolin	Mandolin
Marimba	Marimba
Oboe	Oboe
Piano	Piano
Saxophone	Saksopon
Tambourine	Tamburin
Trombone	Trombone
Trumpet	Trumpeta
Violin	Biyolin

Mythology
Mitolohiya

Archetype	Archetype
Behavior	Pag-Uugali
Beliefs	Paniniwala
Creation	Paglikha
Creature	Nilalang
Culture	Kultura
Deities	Diyos
Disaster	Kalamidad
Heaven	Langit
Hero	Bayani
Immortality	Imortalidad
Jealousy	Selos
Labyrinth	Labirint
Legend	Alamat
Lightning	Kidlat
Monster	Halimaw
Mortal	Mortal
Revenge	Paghihiganti
Thunder	Kulog
Warrior	Mandirigma

Nature

Kalikasan

Animals	Mga Hayop
Arctic	Artiko
Beauty	Kagandahan
Bees	Mga Bubuyog
Clouds	Ulap
Desert	Disyerto
Dynamic	Dinamika
Erosion	Pagguho
Fog	Hamog
Foliage	Foliage
Forest	Kagubatan
Glacier	Glacier
Mountains	Bundok
Peaceful	Mapayapa
River	Ilog
Sanctuary	Santuwaryo
Serene	Serene
Tropical	Tropikal
Vital	Mahalaga
Wild	Ligaw

Numbers

Mga Numero

Decimal	Desimal
Eight	Walo
Eighteen	Labing-Walo
Fifteen	Labinlima
Five	Lima
Four	Apat
Fourteen	Labing-Apat
Nine	Siyam
Nineteen	Labinsiyam
One	Isa
Seven	Pito
Seventeen	Labimpito
Six	Anim
Sixteen	Labing-Anim
Ten	Sampu
Thirteen	Labintatlo
Three	Tatlo
Twelve	Labindalawa
Twenty	Dalawampu
Two	Dalawa

Nutrition

Nutrisyon

Appetite	Gana
Balanced	Balanse
Bitter	Mapait
Calories	Calories
Carbohydrates	Carbohydrates
Diet	Diyeta
Digestion	Digestion
Edible	Nakakain
Fermentation	Pagbuburo
Flavor	Lasa
Habits	Mga Gawi
Health	Kalusugan
Healthy	Malusog
Nutrient	Masustansya
Proteins	Protina
Quality	Kalidad
Sauce	Sarsa
Toxin	Lason
Vitamin	Bitamina
Weight	Timbang

Ocean

Karagatan

Algae	Algae
Boat	Bangka
Coral	Coral
Crab	Alimango
Dolphin	Dolphin
Eel	Eel
Fish	Isda
Jellyfish	Dikya
Octopus	Pugita
Oyster	Oyster
Reef	Reef
Salt	Asin
Seaweed	Damong-Dagat
Shark	Pating
Shrimp	Hipon
Storm	Bagyo
Tides	Tides
Tuna	Tuna
Turtle	Pagong
Whale	Balyena

Pets

Mga Alagang Hayop

Cat	Pusa
Claws	Claws
Collar	Kwelyo
Cow	Baka
Dog	Aso
Fish	Isda
Food	Pagkain
Goat	Kambing
Hamster	Hamster
Kitten	Kuting
Leash	Tali
Lizard	Butiki
Mouse	Mouse
Parrot	Loro
Puppy	Tuta
Rabbit	Kuneho
Tail	Buntot
Turtle	Pagong
Veterinarian	Beterinarian
Water	Tubig

Philanthropy

Pagkakawanggawa

Challenges	Mga Hamon
Charity	Kawanggawa
Children	Mga Bata
Community	Komunidad
Contacts	Mga Contact
Finance	Pananalapi
Funds	Pondo
Global	Pandaigdigang
Goals	Mga Layunin
Groups	Mga Grupo
History	Kasaysayan
Honesty	Katapatan
Humanity	Sangkatauhan
Mission	Misyon
Need	Kailangan
People	Mga Tao
Programs	Mga Programa
Public	Publiko
Youth	Kabataan

Photography

Pagkuha ng Larawan

Black	Itim
Camera	Camera
Color	Kulay
Composition	Komposisyon
Contrast	Kaibahan
Darkness	Kadiliman
Definition	Kahulugan
Exhibition	Eksibisyon
Format	Format
Frame	Frame
Lighting	Pag-lilaw
Object	Bagay
Perspective	Pananaw
Portrait	Larawan
Shadows	Anino
Soften	Lumambot
Subject	Paksa
Texture	Texture
Visual	Visual

Physics

Pisika

Acceleration	Acceleration
Atom	Atom
Chaos	Kaguluhan
Chemical	Kemikal
Density	Density
Electron	Elektron
Engine	Makina
Expansion	Pagpapalawak
Experiment	Eksperimento
Formula	Formula
Frequency	Dalas
Gas	Gas
Magnetism	Pang-Akit
Mass	Masa
Mechanics	Mekaniko
Molecule	Molekula
Nuclear	Nuclear
Relativity	Relatibong
Speed	Bilis
Universal	Unibersal

Plants

Mga Halaman

Bamboo	Kawayan
Bean	Bean
Berry	Berry
Botany	Botany
Bush	Bush
Cactus	Cactus
Fertilizer	Pataba
Flora	Flora
Flower	Bulaklak
Foliage	Foliage
Forest	Kagubatan
Garden	Hardin
Grass	Damo
Ivy	Ivy
Moss	Moss
Petal	Talulot
Root	Ugat
Stem	Stem
Tree	Puno
Vegetation	Mga Halaman

Professions #1

Mga Propesyon #1

Ambassador	Ambassador
Astronomer	Astronomo
Attorney	Abogado
Banker	Bangko
Cartographer	Kartograpo
Coach	Coach
Dancer	Mananayaw
Doctor	Doktor
Editor	Editor
Geologist	Geologist
Hunter	Mangangaso
Jeweler	Alahero
Musician	Musikero
Nurse	Nars
Pianist	Pianista
Plumber	Tubero
Psychologist	Psychologist
Sailor	Marino
Tailor	Sastre
Veterinarian	Beterinarian

Professions #2

Mga Propesyon #2

Astronaut	Astronaut
Biologist	Biologist
Dentist	Dentista
Detective	Tiktik
Engineer	Inhinyero
Farmer	Magsasaka
Gardener	Hardinero
Illustrator	Ilustrador
Inventor	Imbentor
Journalist	Mamamahayag
Librarian	Librarian
Linguist	Dalubwika
Painter	Pintor
Philosopher	Pilosopo
Photographer	Litratista
Physician	Manggagamot
Pilot	Pilot
Surgeon	Siruhano
Teacher	Guro
Zoologist	Zoologist

Restaurant #1

Restaurant #1

Allergy	Allergy
Bowl	Mangkok
Bread	Tinapay
Cashier	Cashier
Chicken	Manok
Coffee	Kape
Dessert	Dessert
Food	Pagkain
Ingredients	Sangkap
Kitchen	Kusina
Knife	Kutsilyo
Meat	Karne
Menu	Menu
Napkin	Napkin
Plate	Plato
Reservation	Reserbasyon
Sauce	Sarsa
Spicy	Maanghang
To Eat	Kumain
Waitress	Tagapagsilbi

Restaurant #2

Restaurant #2

Appetizer	Pampagana
Beverage	Inumin
Cake	Keyk
Chair	Upuan
Delicious	Masarap
Dinner	Hapunan
Eggs	Itlog
Fish	Isda
Fork	Tinidor
Fruit	Prutas
Ice	Yelo
Lunch	Tanghalian
Noodles	Pansit
Salad	Salad
Salt	Asin
Soup	Sopas
Spoon	Kutsara
Vegetables	Gulay
Waiter	Weyter
Water	Tubig

Science

Agham

Atom	Atom
Chemical	Kemikal
Climate	Klima
Data	Data
Evolution	Ebolusyon
Experiment	Eksperimento
Fact	Katotohanan
Fossil	Fossil
Gravity	Gravity
Hypothesis	Teorya
Laboratory	Laboratoryo
Method	Paraan
Minerals	Mineral
Molecules	Molecule
Nature	Kalikasan
Organism	Organismo
Particles	Particle
Physics	Pisika
Plants	Halaman
Scientist	Siyentipiko

Science Fiction

Fiction sa Agham

Atomic	Atomic
Chemicals	Kemikal
Cinema	Sinehan
Distant	Malayo
Dystopia	Dystopia
Explosion	Pagsabog
Extreme	Matinding
Fire	Apoy
Futuristic	Futuristic
Galaxy	Kalawakan
Illusion	Ilusyon
Imaginary	Haka-Haka
Mysterious	Mahiwaga
Oracle	Oracle
Planet	Planeta
Robots	Robot
Scenario	Sitwasyon
Technology	Teknolohiya
Utopia	Utopia
World	Mundo

Scientific Disciplines

Mga Disiplinang Pang-Agh

Anatomy	Anatomiya
Archaeology	Arkeolohiya
Astronomy	Astronomy
Biochemistry	Biochemistry
Biology	Biology
Botany	Botany
Chemistry	Kimika
Ecology	Ekolohiya
Geology	Heolohiya
Immunology	Immunology
Kinesiology	Kinesiology
Linguistics	Linggwistika
Mechanics	Mekaniko
Mineralogy	Mineralogy
Neurology	Neurolohiya
Physiology	Pisyolohiya
Psychology	Sikolohiya
Sociology	Sosyolohiya
Thermodynamics	Termodinamika
Zoology	Zoology

Spices

Mga Pampalasa

Anise	Anis
Bitter	Mapait
Cardamom	Kardamono
Cinnamon	Kanela
Coriander	Kulantro
Cumin	Kumin
Curry	Kari
Fennel	Haras
Fenugreek	Fenugreek
Flavor	Lasa
Garlic	Bawang
Ginger	Luya
Nutmeg	Nutmeg
Onion	Sibuyas
Paprika	Paprika
Pepper	Paminta
Saffron	Saffron
Salt	Asin
Sweet	Matamis
Vanilla	Banilya

The Company

Ang Kumpanya

Business	Negosyo
Creative	Creative
Decision	Desisyon
Employment	Trabaho
Global	Pandaigdigang
Industry	Industriya
Innovative	Makabagong
Investment	Pamumuhunan
Possibility	Posibilidad
Presentation	Pagtatanghal
Product	Produkto
Professional	Propesyonal
Progress	Pag-Unlad
Quality	Kalidad
Reputation	Reputasyon
Revenue	Kita
Risks	Mga Panganib
Trends	Mga Uso
Units	Mga Yunit
Wages	Sahod

Time
Oras

After	Pagkatapos
Annual	Taunang
Before	Bago
Calendar	Kalendaryo
Century	Siglo
Clock	Orasan
Day	Araw
Decade	Dekada
Early	Maaga
Future	Hinaharap
Hour	Oras
Minute	Minuto
Month	Buwan
Morning	Umaga
Night	Gabi
Noon	Tanghali
Today	Ngayon
Week	Linggo
Year	Taon
Yesterday	Kahapon

To Fill
Upang Punan

Bag	Bag
Barrel	Barrel
Basin	Basin
Basket	Basket
Bottle	Bote
Box	Kahon
Bucket	Bucket
Carton	Karton
Crate	Crate
Drawer	Drawer
Envelope	Sobre
Folder	Folder
Jar	Garapon
Packet	Packet
Pocket	Bulsa
Suitcase	Maleta
Tray	Tray
Tub	Tub
Tube	Tube
Vase	Vase

Town
Bayan

Airport	Paliparan
Bakery	Panaderya
Bank	Bangko
Bookstore	Bookstore
Cinema	Sinehan
Clinic	Klinika
Florist	Florist
Gallery	Gallery
Hotel	Hotel
Library	Aklatan
Market	Merkado
Museum	Museo
Pharmacy	Parmasya
School	Paaralan
Stadium	Istadyum
Store	Tindahan
Supermarket	Supermarket
Theater	Teatro
University	Unibersidad
Zoo	Zoo

Universe
Sansinukob

Asteroid	Asteroid
Astronomer	Astronomo
Astronomy	Astronomy
Atmosphere	Kapaligiran
Celestial	Selestiyal
Cosmic	Cosmic
Darkness	Kadiliman
Eon	Eon
Galaxy	Kalawakan
Hemisphere	Hemisphere
Horizon	Abot-Tanaw
Latitude	Latitude
Moon	Buwan
Orbit	Orbit
Sky	Langit
Solar	Solar
Solstice	Solstice
Telescope	Teleskopyo
Visible	Nakikita
Zodiac	Zodiac

Vacation #2
Bakasyon #2

Airport	Paliparan
Beach	Tabing-Dagat
Camping	Kamping
Destination	Patutunguhan
Foreigner	Dayuhan
Holiday	Holiday
Hotel	Hotel
Island	Isla
Journey	Paglalakbay
Leisure	Paglilibang
Map	Mapa
Mountains	Bundok
Passport	Pasaporte
Reservations	Reserbasyon
Restaurant	Restawran
Sea	Dagat
Taxi	Taxi
Tent	Tolda
Train	Tren
Visa	Visa

Vegetables
Mga Gulay

Artichoke	Artichoke
Broccoli	Brokuli
Carrot	Karot
Cauliflower	Kuliplor
Celery	Kintsay
Cucumber	Pipino
Eggplant	Talong
Garlic	Bawang
Ginger	Luya
Mushroom	Kabute
Onion	Sibuyas
Parsley	Perehil
Pea	Pea
Pumpkin	Kalabasa
Radish	Radish
Salad	Salad
Shallot	Bahag
Spinach	Spinach
Tomato	Kamatis
Turnip	Singkamas

Vehicles
Mga Sasakyan

Airplane	Eroplano
Ambulance	Ambulansiya
Bicycle	Bisikleta
Boat	Bangka
Bus	Bus
Car	Kotse
Caravan	Caravan
Engine	Makina
Ferry	Ferry
Helicopter	Helicopter
Motor	Motor
Raft	Raft
Rocket	Rocket
Scooter	Iskuter
Submarine	Submarino
Subway	Subway
Taxi	Taxi
Tires	Gulong
Tractor	Traktor
Truck	Trak

Visual Arts
Sining Paningin

Architecture	Arkitektura
Artist	Artista
Ceramics	Keramika
Chalk	Tisa
Charcoal	Uling
Clay	Luwad
Composition	Komposisyon
Creativity	Pagkamalikha
Easel	Madali
Film	Pelikula
Masterpiece	Obra Maestra
Painting	Pagpipinta
Pen	Panulat
Pencil	Lapis
Perspective	Pananaw
Portrait	Larawan
Pottery	Palayok
Stencil	Mag-Istensil
Varnish	Barnisan
Wax	Waks

Water
Tubig

Canal	Kanal
Damp	Mamasa-Masa
Drinkable	Maiinom
Evaporation	Pagsingaw
Flood	Baha
Frost	Hamog na Nagy
Geyser	Geyser
Hurricane	Bagyo
Ice	Yelo
Irrigation	Patubig
Lake	Lawa
Monsoon	Monsoon
Ocean	Karagatan
Rain	Ulan
River	Ilog
Shower	Banyo
Snow	Niyebe
Soaked	Babad
Steam	Singaw
Waves	Alon

Weather
Taya ng Panahon

Atmosphere	Kapaligiran
Breeze	Simoy
Calm	Kalmado
Climate	Klima
Cloud	Ulap
Drought	Tagtuyot
Dry	Tuyo
Fog	Hamog
Ice	Yelo
Lightning	Kidlat
Monsoon	Monsoon
Polar	Polar
Rainbow	Bahaghari
Sky	Langit
Storm	Bagyo
Temperature	Temperatura
Thunder	Kulog
Tornado	Buhawi
Tropical	Tropikal
Wind	Hangin

Congratulations

You made it!

We hope you enjoyed this book as much as we enjoyed making it. We do our best to make high quality games.
These puzzles are designed in a clever way for you to learn actively while having fun!

Did you love them?

A Simple Request

Our books exist thanks your reviews. Could you help us by leaving one now?

Here is a short link which will take you to your order review page:

BestBooksActivity.com/Review50

MONSTER CHALLENGE!

Challenge #1

Ready for Your Bonus Game? We use them all the time but they are not so easy to find. Here are **Synonyms**!

Note 5 words you discovered in each of the Puzzles noted below (#21, #36, #76) and try to find 2 synonyms for each word.

Note 5 Words from ***Puzzle 21***

Words	Synonym 1	Synonym 2

Note 5 Words from ***Puzzle 36***

Words	Synonym 1	Synonym 2

Note 5 Words from ***Puzzle 76***

Words	Synonym 1	Synonym 2

Challenge #2

Now that you are warmed-up, note 5 words you discovered in each Puzzle noted below (#9, #17, #25) and try to find 2 antonyms for each word. How many lines can you do in 20 minutes?

Note 5 Words from ***Puzzle 9***

Words	Antonym 1	Antonym 2

Note 5 Words from ***Puzzle 17***

Words	Antonym 1	Antonym 2

Note 5 Words from ***Puzzle 25***

Words	Antonym 1	Antonym 2

Challenge #3

Wonderful, this monster  challenge is nothing to you!

Ready for the last one? Choose your 10 favorite words discovered in any of the Puzzles and note them below.

1.	6.
2.	7.
3.	8.
4.	9.
5.	10.

Now, using these words and within a maximum of six sentences, your challenge is to compose a text about a person, animal or place that you love!

Tip: You can use the last blank page of this book as a draft!

Your Writing:

NOTEBOOK:

SEE YOU SOON!

Linguas Classics Team

www.ingramcontent.com/pod-product-compliance
Lightning Source LLC
LaVergne TN
LVHW060320080526
838202LV00053B/4379
* 9 7 8 2 4 9 1 7 9 2 4 1 1 *